水西·书系
SHUIXI SHUXI

一个人是千万人的出发点

德育学科课程改革视阈下中国德育观嬗变研究

任翠 著

山西出版传媒集团
山西教育出版社

图书在版编目（CIP）数据

德育学科课程改革视阈下中国德育观嬗变研究／任翠著. — 太原：山西教育出版社，2022.6
　ISBN 978-7-5703-2511-5

Ⅰ.①德… Ⅱ.①任… Ⅲ.①德育—研究—中国 Ⅳ.①G41

中国版本图书馆 CIP 数据核字（2022）第 085360 号

德育学科课程改革视阈下中国德育观嬗变研究
DEYU XUEKE KECHENG GAIGE SHIYU XIA ZHONGGUO DEYUGUAN SHANBIAN YANJIU

责任编辑	刘继安
复　　审	王介功
终　　审	闫果红
装帧设计	陈　晓
印装监制	蔡　洁

出版发行	山西出版传媒集团·山西教育出版社
	（太原市水西门街馒头巷7号　电话：0351-4729801　邮编：030002）
印　　装	山西人民印刷有限责任公司
开　　本	720mm×1020mm　1/16
印　　张	12.5
字　　数	182 千字
版　　次	2022 年 7 月第 1 版　2022 年 7 月山西第 1 次印刷
书　　号	ISBN 978-7-5703-2511-5
定　　价	75.00 元

如发现印装质量问题，影响阅读，请与山西教育出版社联系调换，电话：0351-4729718。

前言

中华人民共和国成立以来,社会各领域都发生了前所未有的重大变革,德育学科课程作为道德教育的主渠道在教育领域的变革中也进行着自身的改革。透视德育学科课程改革的历程不难看到主流德育观嬗变的轨迹。从学理上展观出这种嬗变的原始发生路径及其内在逻辑,对探寻和谐社会中生态德育观的构建以及对未来德育改革的指导都具有十分重要的意义。

我试图以系统与结构相结合、历史逻辑与价值逻辑相统一的分析方法,将"梳理""总结""建构"作为关键词,呈现出中国德育观历史嬗变的轨迹。首先,研究德育观的基础性问题,对其概念、基本内容及主体功能进行了界定与梳理。其次,对新中国成立以来学校德育学科课程的改革进行了具体梳理,其中涉及对德育学科的课程设置、课程标准、教材内容变迁的基本总结,并贯穿着对变迁原因的分析。再次,对中国德育观的嬗变轨迹进行了总结,从德育学科课程变迁所呈现出的现象中剥离掩藏在其背后的不同时期的主流德育观念,论述了从公德私德兼修到政治取向再到人本取向的德育观的嬗变历程,分析了变迁的主要原因。最后,提出在和谐共生视阈中建构生态德育观的理论范式与实践路径。生态德育观的建构是本书研究的重点,也是未来中国德育观的整体图景。

道德教育贯穿人类始终,个体并不天生具有德性,而是具有接受道德教化的潜质。在传统社会，道德教化主要限于家庭、家族、村社，无处不在、无时不有，但并没有形成一个专门的教育机构、教育队伍。新中国成立以后，一如学校教育已经成为专业知识培养的主要形式，道德教育也作为这种专业教育的重要部分或领域而建构起来。专业化的道德教育不同于民间教育的重要方面就是它的专业化和系统性，集中表现为课程设置、教材编写和教师配备。其中支撑课程与教材之理念的乃是政党或政府的德育观，即把受教育者培养成具有何种德性的理念。这种理念尽管受到决策者或设计者自身的价值观的影响，但更取决于人们现实地生活于其中的那个社会结构及其运行方式。场域决定文化，文化塑造习性，而习性又反过来制约着文化与场域。半个多世纪以来，中国社会发生了翻天覆地的变化，其间虽经历了各种运动，走了一些弯路，但终归找寻到了属于自己的道路：中国特色的社会主义道路。与此相一致，政党或政府的道德教育理念也经历了一个探寻、发展和完善的过程。时至今日，中国共产党人已经探寻出了道德教育的成功之路。本书就是要借助半个多世纪以来道德教育的课程设置、教材编写以及教师队伍的配备之历史流变，梳理出主流道德教育观念之历史演变的心路历程，以便更好地找寻建构生态德育的道路。本书起于对德育观之历史流变的梳理，但又不止于此，而是试图探索在现代性语境下一种相对更好的品德修为和道德教化的可能形态。

　　我们以德育学科课程的变迁为生发点，梳理并分析了中国德育观嬗变的主流轨迹，提出了在和谐视阈下将生态德育观的建构作为我国德育改革的应然探寻。

不论是对历史的审视还是对现实的思考，其共同的旨趣都是为了建构适应社会发展、推动德育改革的价值观念。在社会日新月异而生态危机却日益严重的今天，生态德育观作为一种可以启迪人们的道德智慧、规范人们的道德行为的价值观念，在社会发展的必然趋势下破茧欲出。通过审视现实中德育的实然境遇去观照当代和谐社会中德育的应然使命，书中提出面向未来我们应该如何建构生态德育价值取向，并建构出"生态体验"、主体教育这种理论与实践层面都行之有效的模式，为我国德育改革提供理论上的支持。

本书在写作的过程中，得到了山西教育出版社和渤海大学马克思主义学院领导们的大力支持，同时也吸收了许多专家学者的研究成果，在此一并表示感谢。理论的研究既需要有坚实的理论基础，又需要有勇敢的探索精神和科学的研究方法，同时还需要有用于接受批评的谦逊态度。本书的写作在很多方面还不成熟，敬请广大读者批评指正。

任翠

2022 年 2 月于渤海大学

目录

导论 __ 1

第一章
德育观的内涵及其特征

第一节　核心概念的界定 __ 19

第二节　德育观的内容构成 __ 24

第三节　主体功能的把握 __ 27

第二章
德育学科课程的历史变迁

第一节　德育学科课程的解读 __ 37

第二节　德育学科课程设置的历史变迁 __ 44

第三节　德育学科课程标准的变迁 __ 58

第四节　德育学科课程教科书的变迁 __ 70

第三章
德育学科课程改革背后的德育观嬗变

  第一节　除旧树新、公私兼修的德育观__91

  第二节　泛政治化的德育观__94

  第三节　回归本体的德育观__99

第四章
"和谐共生"视阈下生态德育之建构：可能性及其限度

  第一节　审视现实：道德教育的已然与实然境况__107

  第二节　观照当代：和谐社会中道德教育的应然使命__111

  第三节　面向未来：生态德育的探寻与建构__117

结语__160

参考文献__163

附录　新中国成立后的德育学科课程教科书__173

导论

新中国成立以来，社会各领域都发生了深刻的变革，德育学科课程作为道德教育的主要渠道在教育领域的变革中也进行着自身的改革。透视德育学科课程改革的历程不难看到主流德育观念嬗变的轨迹，它对当代中国德育活动的发生与发展具有深刻的指导意义。

一、研究问题

（一）德育到底"育"什么

任何一种教育活动的发生都是在特定的原则和目标的具体指向下进行的，教育原则和目标规定着教育活动的方方面面。教育作为一种活动或事业就其本质来看应该保持自身的相对独立性，应该拥有自身独立的场域，以其独立的"品格"来避免充当统治阶级维护其利益的特殊工具。教育作为一种培养人、成就人的实践活动，其根本目的在于使人能够认知正确，即发现和发掘生活世界中的真、善、美；正确认知，即在认知真、善、美的过程中，规避成见与偏见；使人正当地行动，即最大化地践行和实现真、善、美。只有既有智力又有智慧的人才是人格健全的人，而只有人格健全的人才能既利于自己更益于社会。在这一过程中，人要通过改造周围的世界去满足或成就自身发展的需要进而实现完善和提升自己心智的目的。因此，教育不应该也不可能脱离特定的社会而独立存在。在阶级社会，教育就不可避免地要为维护阶级统治而服务，它所关涉的内容必然是按照统治阶级的意愿去选取，它所要实现的目标必然是统治阶级预设的理想境地。于是，在历史的某个阶段、某些领域，教育丧失了其本应的独立性而凸显了十足的工具性。

德育作为一种关乎整个社会的道德信仰、文明程度等问题的实践活动，其独立性缺失的情况较其他教育而言要更加严重，所散发出的工具意味也更为浓烈，于是常常陷入迷失应然的境遇之中。应然的德育关心的是人，所有的问题都以人为基点展开，按照实现全面的人与理想的人的目标来选取教育内容，教育过程中信赖人并接受人的帮助，最终造就出适应并能推动社会历史不断向前发展的有道德的人。因此，应然的德育是在人的参与下且为了人的本真活动。而现实社会中应然的德育是一种"乌托邦"式的构想，难寻踪迹，存在于人的生活世界中的往往是实然的德育。实然德育与应然德育相比，它关心的问题常常不是人本身，而是如何通过外在的原则或规范来规训人以实现预设的理想社会的发展状态。因而，实然的德育按照如何去实现社会的发展目标去选取德育内容，教育过程是以预设的理想目标的实现为基点，要求人以满足并实现预设目标为目的去开展活动。于是，本应以造就有道德的人为目的的德育却造就了统治阶级意愿中的社会与历史。这样的德育将人的德性的养成视为推动社会进程的一种工具，德育也以其在教育谱系中的核心位置为统治阶级教化人、规训人提供了伦理途径。至此，成为统治阶级工具的德育的独立性丧失殆尽。失去了"自由"的德育必然要跟随社会的发展而调整自身的前行方向，也必然要按照社会的发展目标来设定自身的目标。于是它不再信赖人，更不再考虑去成就人的德性，相反，为了做好统治阶级既定利益实现的工具，它转向箴诫人的行为，遏制人的自由发展。失去了其自身独立性的德育在社会的深度变革中不断变化，而其价值观念也伴随着这些变化而发生着改变。

失去了应然本质的实然德育在教育实践中经常会出现"政治为尊"与"知

识为大"的两种倾向。

"政治为尊"的德育实践是在德育的方方面面都可以看到被政治洗礼过的痕迹。就德育目标的设定来说，实然德育将传授社会层面的道德规范与政治原则作为目标，出现了政治如影随形的"正常"样态。在我国诸多的德育理论著作中几乎一致地认可德育是将社会的道德规范与政治思想等传授给受教育者，并促使其内化为受教育者的政治立场、思想觉悟、道德品质等的实践活动。因此，参照我国德育学科课程的发展历史可以发现，在现实的德育实践中，受教育者在年龄尚小、身心尚未成熟的阶段便触及了关乎社会发展的政治问题。可以说，政治伴随了受教育者的成长。除了目标设定的政治化，实然德育在实施过程中的途径与方式方法上也凸显着"政治"的意味。新中国成立到"文化大革命"结束这段时间，特别是"文化大革命"期间，学校德育课程完全被政治运动或政治学习所取代，教学活动的开展随着社会政治形势的需要而进行，德育关心的不是受教育者德性的养成，而是怎样去迎合政治的风向，满足政治发展的需要。因此，在现实的政治社会中，评价一个人的好坏往往不是他的品行如何端正、道德如何高尚，而是他的政治思想是否正确、政治立场是否坚定。这种教育造就出来的人逐渐将生活中的各个方面与政治相联系，对政治问题过于关注而对本真的道德却不屑追求。我们并不反对德育的政治诉求，而是质疑"唯政治化"的想法及做法。

以"政治为尊"的德育关注的是政治目标的最终实现，因此它要求人要舍弃或者牺牲自身的一部分或者全部去成全现实对理想的追求，不可避免地将个人与社会摆在了对立的位置。在此种价值观指导下，德育按照"圣人"的标准来塑造"凡人"，教育目标摒弃了现实世界的道德诉求而高不可攀，受教育者能做的只是望洋兴叹与顶礼膜拜，而自身在现实中的发展却无法实现。这样的德育关注的不是人，而是某种理想目标或社会价值的实现，它没有帮助受教育者感受并实现现实中的幸福，而是将幸福幻化为道德理想悬挂在高处让人们仰望。可以说，在特定的历史发展阶段，这种做法在一定程度上可以燃起人们的道德激情与道德欲望，可以完成特定的历史任务或解决特定的历史问题。但激情过后，当人们平复下来去审视自身的利益时，各种非理性的因子便会应运而生，使人们的行为背离道德，出现道德行为的失范。于是，在市场经济中会出现"毒奶粉""地沟油"等诚信缺失、道德滑坡的现象也便不难解释了。

"知识为大"的倾向在实然的德育中也表现得极为明显。观照学校德育学科课程的实施不难发现，其教学主要以教授既定的道德理论知识为主，不甚重视践行、体验等在个体德性形成中所起到的作用。这无形中阻断了道德从知到行的内外之间转化的通道，使道德接受仅停留在"知"的层面。这种以道德知识的传授为主要内容的德育在方式方法上势必以单向的灌输、"填鸭式"的教授为主，而对个体道德水平高低的评判也仅以对试卷上道德理论知识的作答情况为衡量标尺，忽视了评价德性好坏的其他内隐标准。德育实践中"知识为大"的种种"实然"虽然在德育学科课程改革的过程中有所改变，但并没有从根本上得以改观。随着社会的不断发展，教育教学改革的不断深入，越来越多的学者主张将德育科学化。特别是在反思"文化大革命"对教育领域尤其是对德育教育造成的惨痛教训后，学术界的一部分德育理论工作者主张将德育与政治教育进行严格的区分，走"去政治化"的专业发展道路。这样一来，科学化后的德育在一定程度上丢掉了"社会附庸"的帽子，显现出一定的独立性。但科学化的理性因子却忽视了人的道德生活往往是感性的，是生动的，是需要被理解的。于是，科学思维留给人们的只是"规范""原理"，而使其失去了崇高的精神寄托。这样的德育培养出来的人，有相当一部分是只有道德知识、颇懂道德规范，却无道德品质与道德行为、只知不做、知行不统一。某年央视春晚语言类节目《扶不扶》深刻讽刺了当今社会道德行为缺失的普遍现象。

因此，实然德育成就的是统治阶级的终极理想而不是人。知识化与政治化的倾向使其实现了对人的教化与规训，实现了对人的道德强迫。在这样的现实中，人失去了自由发展、全面发展的机会，能做的只是不断地适应与迎合。如此，我们应该如何去解释：德育到底是为了实现社会的理想目标而去规训人还是造就有德性的人而去创造更完美的社会历史？

（二）问题的提出

1. 德育学科课程变革背后的德育观的嬗变

德育以其在国民教育中的核心地位在社会的发展中发挥着重要的作用，它的变革受到了人们的重视。德育学科课程作为向社会成员实施道德教育的主要渠道，在德育的变革中也进行着自身的改变。经过几轮基础教育课程改革，德育学科课程无论是在课程设置、课程标准方面还是在教材内容、课程运行方面都发生了很大的改变。这些改变在不同的阶段都呈现出不同的特点，究其根源是受不同时期的德育观念影响的最终结果。德育观在社会的深刻变革中也经历着深刻的改变，这些改变对社会各方面的价值选择、对人的道德成长必将产生巨大的影响。

德育观的变革最直接的受益者便是人。人们被从传统的伦理道德的束缚中解脱出来，回归到本体的现实世界，人的主体性和个性得到重视。社会对人的要求不再是高高在上、遥不可及的道德神话，而是更关注"接地气""凡人化"的原初德性的养成。德育从天上步入人间，贴近了现实生活，走进了现实生活，同时也面向了现实生活。社会的发展带来了多元的思想与文化，德育观也在多元的社会中实现了从一元到多元的转变。人们在多元的价值观的影响下不再坚持传统的一元的评判标准，而是用多元的视角去审视、分析、解释道德问题，人具有了自主判断与选择的能力。因此，透过德育学科课程的改革实质去梳理我们经历过的主流德育观的嬗变轨迹，对于指导德育的进一步发展具有重要意义。

2. 社会的变革带来的价值观念的变化

社会转型使德育在发展机会面前面临一定挑战。首先是中西方价值观念的冲突。随着社会变革的不断深入，中西方交往的不断增多，西方的道德观念悄然进入了人们的生活。但中西方的道德观念、价值取向是在不同的文化土壤中生长起来的，对道德的判断与价值的选择也天差地别。人们羡慕西方发达的经济与高端的科技，愿意接受西方的一切理念以强大自己。但是，由于缺少本土的文化底蕴与日积月累形成的精神，在接受的过程中难免与自身已有的价值观念产生冲突，最终导致接受的只能是片面化的观念，而无法理解其观念的本质。其次是传统价值观念与现代价值观念的冲突。市场经济的确立与发展使得传统社会不断解构，也使得传统的伦理观念与道德规范在现代社会的建立过程中与现代的道德价值观念进行着博弈。虽然传统道德无法为现代社会的发展提供有效的动力与支持，但其仍奢望在现代社会中拥有一席之地。于是，传统价值观念与现代价值观念产生了冲突。其实，传统与现代的冲突也可以说是一元与多元的冲突。在传统社会，人们信奉一元的价值判断标准，坚持一元价值观，而这种现象在现代社会的多元化氛围下被渐渐打破。随着多元文化的出现，社会的价值观念也呈现出多元化的趋势与特点，在社会的不断发展中如何在多元的价值观念中构建出能够指导人们行动、促进社会进步的主流价值观念，是中国德育需要思考的新问题。

3. 德育效果甚微

德育在学校教育体系中居于各育目标之首，以核心的位置在"理论"上一直被重视、被强调。但是在现实中，德育呈现出被逐渐边缘化的态势，学校现实中的德育学科课程的运行情况就是最好的证明。在功利理念逐渐深入人心的时代，人们在"知识可以改变命运"的口号面前对知识的追逐超乎了想象，学校教育也在升学率、重点率、就业率等各种利益面前向知识不断倾斜。虽然德育是各育之首，德育学科课程也不得不在决定学生命运的语、数、外面前低下高贵的头。于是便出现了德育学科课程的课时被挤占、德育学科课程教师的发展不被重视的现象。如此便会形成这样一种循环：教师由于不被重视而缺少研究与改革教学的激情，长年照本宣科、空洞说教，而学生在教师的影响下也缺乏接受道德教育的热情。再加上教师的说教跟不上飞速发展的社会实际，有些道德理论很难解释社会现实。于是，学生不再相信教师所教授的内容，长此以往，导致德育的实际效果甚微。当然，德育低效也有其自身的原因。从德育的发展历程中可以看出，德育常常是主动地嬗变去迎合社会的变化。"文化大革命"期间，德育只强调其政治价值，"文化大革命"结束后，社会进入改革开放的新时期，德育又"去政治化"而强调其经济价值。如此变来变去，使德育在教育实践中虽然下了大气力可收到的效果却不甚明显。

4. 价值取向上的偏差

当下的时代是一个物欲横流的时代，当下的社会是一个被"物化"了的社会。人们在"物化"的社会里追求物质，崇尚享受，对理想、道德、信仰嗤之以鼻，不苟提及。在物质需求被极大满足的同时却失去了精神，人变得空虚、颓废，功利主义在现代社会里大行其道。在功利面前，教育也被物化为人们提高自身价值的一种工具。学习可以获得文凭，文凭可以带来高收入，可以满足自己对功利的追逐。因而，功利所产生的兴奋点要远远高于学习兴趣。于是，便顺其自然地产生了教育实践中的种种不正常现象。有知识没文化，有文凭没水平的现象虽不是普遍的，却是严重的。

产生种种不正常现象的原因主要在于人们价值取向上出现了偏差。社会从传统向现代的转型过程中，一元价值观念逐渐被瓦解，多元的价值观念逐渐形成，但尚未建构起社会主流的价值观念。因此，现代社会是多种价值观念相互冲突、共同作用的社会。在这样的社会里，人们难免要有价值选择方面的困惑，难免要有道德信念方面的缺失，难免要在物质的极大诱惑下丧失道德坚守与精神防线。要想解决这些问题，必须建立社会的核心价值观念，帮助人们明确价值判断的标准与价值选择的方向。因此，对德育观的嬗变进行研究可以帮助德育建立正确的价值导向体系，有利于德育健康、有序地发展。

（三）对象的界定

本书是以德育学科课程的改革为基点，针对中国德育观的变革而进行的理论研究。

书中将以对德育学科课程改革的研究为生发点，通过梳理德育改革的心路历程展现出德育观的嬗变轨迹，并在这一过程中审视我国德育历经的路程，用历史的事实作为依据来言明研究的正当性，保证结论的正确性，以便为我国德育当前所面临的困难与挑战提供理论支持。于是，将研究的目标重点锁定在中华人民共和国成立之前的五四时期、"文化大革命"时期以及改革开放的新时期。这些特殊的历史时期承载着不同的社会变革，承载着新旧力量的激烈博弈，承载着新旧观念的强烈冲突。其中有新力量的气势汹汹，也有旧力量的土崩瓦解，有新观念的破茧欲出，也有旧观念的苟延残喘，在新与旧的碰撞中呈现着不同历史时期社会的不同特色。虽然历史时期不同，社会要实现的目标与要完成的任务不同，但德育作为统治阶级实现理想目标的工具也好，或是作为社会成员修身养性的途径也罢，主要是在学校领域进行的。因此，将研究的视角聚集在学校，以德育学科课程为场域对德育观进行缜密的研究。

二、国内外相关研究

（一）国外关于道德价值的研究

在西方哲学的发展历程中，道德哲学或伦理学始终是核心的问题。自从苏格拉底把哲学"从天上降到人间"，伦理学便成为古希腊哲学研究中的核心内容，苏格拉底提出了三个著名的哲学命题，同时也是伦理命题：认识你自己、自知其无知、美德即知识。亚里士多德在《大伦理学》《欧台谟伦理学》及《尼各马可伦理学》中集中讨论和阐发了德性的发生及德性的构成，形成了以品质论为特征的美德伦理学。在德性类型上，区分了理智的德性和道德的德性两种类型，前者因学习而成，后者因习惯而成。他指出，人并不天生具有德性，而是具有接受德性教化的潜质，即德性既不出于自然但也不反乎自然。在诸种善中，幸福显然是最有内在价值，因而是自足的善。但属人的善却是为人所特有的品质，即出于意愿而成为一个自主行动的品质，亦即使一个人生活得好并使其出色地完成他的活动所必需的优良品质，而幸福则是合于德性的实现活动。以此观之，德性是使一个人过上整体上的好生活因而获得幸福的充分必要条件。美德伦理学为我们研究道德教育的途径、方法及道德的原始发生提供了难得的思想和方法。

如果说在古希腊雅典城邦中，人们过着一种以工商业为主要经济形态、以城市市民的身份进行交往的熟人生活，那么在这个反复进行的城邦共同体中，必然会出现四个统一：德性与规范、德性与幸福、行动与行动者、自律与他律。因而，美德伦理学就同时是规范伦理学，因为知其规范者也必定是规范的实践者。

15世纪之后，欧洲进入了一个由资本的运行逻辑所推动的现代化社会。全面的生产和全面的需求体系把不同民族和地域的人们通过生产与需求关系而连接起来，形成了一个庞大的陌生人交往空间。人们无法保证每个人是否拥有德性，但人们可以要求其行为必须符合规范，可以自由也可以任性，但必须提供行为正当性基础的证明来。于是，规范伦理学必然成为伦理学研究和讨论中的核心内容。那么，根据什么来证明和判断其行为是否正当呢？在判断的根据和标准上出现了以后果或效果当作标准的功利主义伦理学，以动机作根据的义务论的伦理学。康德在他的《道德形而上学原理》《实践理性批判》中对他的理性主义和义务论的伦理学做了精辟论述。康德将实践理性作为标准和依据去分析、评价任何行为。它认为人类的行为应该由理性所支配，人要按照理性的规定去认识、理解道德的价值并付诸行动以使自身可以显现超越其他物种的圣洁性与高尚性。康德提出了一个可普遍化的道德法则，它的质料陈述是：人是目的而不仅仅是手段；它的形式陈述是：当且仅当，如此行动，以使你所依据的规则具有普遍有效性。

而功利主义则主张，应把快乐与幸福作为判断行为是否正当的根据与标准。这种道德观的突出特点是，它认为人类一切行为的出发点和归宿就是为了获取幸福，幸福的促进与否是评价行为的依据和标准。这种价值选择为市场经济中的"利己"做出了合理的解释，它认为行为的付诸行动应该是指向自身的，只要结果能够实现幸福的最大化则不必考虑实现过程中的动机与手段。于是，当人们还未能真正理解功利主义的意旨，尚未探索出有效且契合的手段进行践履之时，浅显的理解导致人们为争取功利的最大化而滥用"工具"、不择手段。穆勒在他的《功利主义》[1] 一书中对此进行了论述。

个人主义道德观虽不构成一个自成体系的伦理学派，但却产生了广泛的影响。这种道德观内隐着社会及道德的哲学，在它看来，个体行为应该是由个人的现实利益所决定的。它强调个人的自由、个人的独立以及自我独立的美德。个人

---

[1] 穆勒. 功利主义 [M]. 叶建新, 译. 北京：九州出版社，2007.

主义价值观主张独立的个人是社会的根源和基础，同时也是社会的终极价值。它认为人都是平等的，反对国家或社会以任何形式对个体施加压力，反对任何形式、任何力量对个体的行为进行控制。所以，这种价值观念义正词严地反对个人利益式微于集体利益、个人地位低于社会地位的集体主义价值观念，它将自由、民主的思想作为价值旨趣影响着人们的生活。

社群主义道德观则是针对个人主义或个体主义道德观的缺陷而提出的道德理论及解决道德问题的实践方案。这种道德观的出现是源于对1970年罗尔斯《正义论》一书背后的自由主义的批判，可以说，它是一种新集体主义的价值观。社群主义反对自由主义将自我和个人当作理解和分析社会现象与政治制度的基本变量，而是认为社群意识对个人认同、政治制度、共同体文化等具有重要的意义，个人及自我最终是由他所存在的社群决定的，通过个人与社会的"对话"来确定他们的关系。以桑德尔为代表的社群主义者认为，对道德价值的把握应该置于具体的社会现实中，对个人行为道德、善恶与否的评判不应仅参照个体的价值标准，还应参照社群中其他成员道德价值的共同指向，所以现代社会对美德的追求代替了个人权利与功利[①]。

(二) 国内对价值、道德价值以及德育方面的研究

国外的思想理论是在其特有的社会形态下发生并发展起来的，对于其是否能够"包治百病"我们应该保持清醒的认识，应该根据我国的实际有选择性地接受。

由1978年真理标准大讨论而引发的对真理标准的哲学探讨，发展为对人性、人的本质问题的深入研究，并由主体性原则的争论直接促发了价值哲学或价值论的系统研究，其直接的学术成果便是对价值、价值观、评价等价值哲学中核心问题的集中讨论。以袁贵仁、李德顺等为代表的学者将我国对价值理论的研究从早先的仅是对国外研究成果的翻译或评价引领到对价值问题进行独立的、本土化的研究道路上来，形成的论著使我国对价值问题的讨论进入了黄金时期；陈宣理、

---

① 桑德尔. 自由主义与正义的局限 [M]. 万俊人，等译. 南京：译林出版社，2011.

吴亚林、王㺽等众多学者尝试着将价值哲学的研究引入教育价值理论中，对价值与教育的关系进行研究，从价值哲学的角度去探讨教育问题；以鲁洁、檀传宝、朱小蔓等为代表的学者对德育价值进行研究，探索了价值问题在教育、道德教育、价值观教育等具体领域的具体表现及其存在的问题，并对这些问题做了极其有益的探索。从价值的讨论到教育价值的讨论再到德育价值的讨论，可以看出学者们在借鉴国外价值理论的基础上对我国社会变革中的价值问题进行了深入的思考并凝结了丰富的理论成果，这些成果作为资源为本研究提供了理论及方法上的指导。

本书基于对德育学科课程改革的分析，对我国的德育观进行厘定并建构，因此"德育学科课程"是论述展开的一个视角。学术界对德育理论与实践的发展历程进行了总结与重新审视，出现了很多的研究成果。但是从德育学科课程的角度去揭示德育观的研究则寥若晨星，特别是以历史变迁为依据去探析德育观嬗变的研究更是屈指可数。就已经问世的研究成果来看，人们对德育观的研究常常是夹杂在对某种德育理论的探究与倡导的过程中，或者是夹杂在对某种德育实践的审视与反省之中。因此，要比较、分析、总结人们对德育观问题的研究取得的已有成果，就要在涉及德育问题研究所取得成果的大范围内去进行。

1. 德育学科课程基本原理方面的研究

我们在检索文献资料的过程中，没有找到以"德育学科课程"为题目的理论著作，一些著作要么以"德育课程"为题，要么在论述问题的过程中对德育学科课程进行了论证。如佘双好所著的《现代德育课程论》以从古到今的历史发展视角，从多学科的角度系统论述了德育课程的历史发展、现代德育课程在实施过程中的具体问题及具体方法等，并提出了一种"大德育"与"大课程"相结合的现代德育新模式。班华主编的《现代德育论》详细整理了德育理论方面的最新成果，对德育课程的类型和模式进行了系统的论述，同时增补了对当代外国德育理论与实践的介绍。檀传宝的《学校道德教育原理》用专门的章节对德育课程进行研讨，而且对课程与德育课程、德育的学科课程做了区分与界定。由戚万学、唐汉卫主编的《学校德育原理》中以"德育学科课程"为标题用一节的内容论述了德育学科课程的概念、理论设计及实践运用。这些研究成果有较为统一的认识即德育学科课程是一种最为直接且较为有效的德育方式，虽然对它的界定学术界还有很多的争论和质疑，但它顺应了社会的发展却是不争的事实。

2. 德育学科课程史与教学论方面的研究

刘强的《中学思想政治课教学论》、郑航的《中国近代德育课程史》、吴铎的《德育课程与教学论》、孟庆男的《思想政治（品德）课程与教学论》以及新中国成立以来各阶段学校德育学科课程的课程标准及教材等，这些著作与资料对德育学科课程的发展历史都做了详细的整理，并针对学校德育学科课程在运行过程中的各方面，如课程标准、教材内容、教学实效等问题也进行了系统的论述。但是这些成果普遍的共同点是偏重教学论方面的研究，对德育学科课程之课程论方面的研究相对薄弱，尤其是对德育学科课程发展史方面的研究还相对不足。而我们所要探索和追求的，则是各个历史阶段的德育学科课程设置、标准的设定、评价体系的设计是在何种德育观的指导下进行的，德育观的时代性和阶段性与社会结构及其变迁具有怎样的关系，在修改、完善已有的德育观的过程中走过了怎样艰辛的道路；在得与失之间我们该如何吸取失败的教训、总结成功的经验。简言之，德育观的形成、修复和完善要比具体的德育学科课程设置、体例安排、标准制定等技术理性问题要基础得多，属于基础性和根本性问题，属于价值理性问题。因为有什么样的德育观就会有什么样的德育学科。

3. 德育观方面的研究

如前所述，目前问世的文献资料中集中以德育观为题或为主线进行研究的成果是凤毛麟角，而多数情况是将该问题的探究散落在对德育其他问题的研究之中。因此，将搜集并检索到的有关德育问题的大量资料进行归纳并划分为若干主题，从中整理出涉及德育观的有价值的成果进行综述。

其一，德育政策研究中的呈现。

这部分研究主要体现在学术界对国家德育政策的解读以及对受德育政策影响

最大的德育课程标准及教材变化的分析上。

易春秋在其博士论文《红色青春：建国十七年中学思想政治教育研究》中对中华人民共和国成立到"文化大革命"之前这段时期的中学德育进行了梳理与回顾，他认为该时期的德育观是以政治为主导的，德育充当了影响阶级斗争与政治运动的工具。同时，他明确指出，若要德育课担当起思想政治教育主渠道的重任，就要正确认识并处理好红与专、政治教育与道德教育、道德教育与政治运动的关系。

刘黔敏在其博士论文《德育学科课程：从理念到运行》中对课程标准和教材进行了详细的解读，通过课程标准的表述、教材在内容和呈现方式等方面变化的前后对比，探寻出隐藏在德育学科课程背后的深层次价值观念的"变"与"不变"，从中总结出集体主义、工具主义的德育价值取向。同时，对德育学科课程运行效果不佳的原因进行了深入的剖析，提出了教师、教学模式、教学评价在课程改革中的发展趋势。

李伟言以《当代中国道德教育价值取向转型的理论研究》为题，剖析了我国德育价值取向问题。他认为由于国家对德育价值选择进行了垄断，所以当代中国德育呈现出"精英化"的价值取向。他主张进行"平民化"的价值选择，将道德从社会理想目标的笼罩中解救出来，使其在现实生活中孕育生长，尊重人，解放人，增进个体与他人、社会、自然的和谐。

其二，德育实践研究中的呈现。

这部分成果主要是在德育实践的发展历程中渗透着对德育观的分析与论述。有的是以德育实践的历史事实为依据对我国德育观进行归纳与概括，还有的则是以定性的方式总结并重新审视和思考我国的德育观念。

黄书光主编的《价值观念变迁中的中国德育改革》围绕价值观念的主旨变迁，突出时代问题意识，着重对中国传统主流价值观念的形成、价值观念的深层变革与现代德育的兴起、多元价值文化激荡下的当代德育问题与对策进行论述，明确了各个历史时期社会的主流德育价值观念，并对现代化、全球化进程中的德育改革走向进行了深入的探讨。

孙少平所著的《新中国德育50年》将我国的德育实践按社会发展的特殊节点进行划分，总结了各个阶段的德育实践，从实践所呈现出来的不同特征中总结出不同社会发展时期的德育观念。他认为，在50年中德育随着社会的变迁经历了"五爱"思想、"突出政治"思想、"社会主义初级阶段"思想的影响过程，而事实证明这些思想确实指导并支配着德育实践。所以，总结这些思想也就能总结出相应阶段的德育观念。

李建国的博士论文《教化与超越：中国道德教育价值取向的历史嬗变》以道德教育中人的问题为立论前提，将教化与超越作为德育价值取向历史嬗变的发生原理，总结了中国德育价值取向历经了"整体主义"到"泛政治化"再到"回归本体"的嬗变过程。他细致分析了德育价值取向变迁中的代表性案例，明确了德育实践中超越的可贵。而且，他提出了"面向他者"的德育理论，提倡培养有个性的人，成就全面发展的人，为德育的健康发展提供了价值选择。

其三，现代德育理论研究中的呈现。

近些年来，学术界对德育理论的研究迎来了"百花齐放、百家争鸣"的春天，德育实践选择什么样的理论对其进行指导是价值选择问题，因为特定的理论是特定价值的具体体现，理论的丰富多元也就意味着价值选择的丰富多元。新兴的现代德育理论主要有以下几个方面。

主体性德育理论[①]：这种理论强调德育应该尊重学生的人格、尊重学生的个性，否定以道德强制与道德灌输为手段，使道德接受变成个体自觉、自愿的行为。主体性德育理论关注学生主体性人格的养成，重视培养学生的自主性与创造性。

生活性德育理论[②]：这种理论是近些年兴起的，它主张德育要观照生活、植根生活、回归生活。从德育学科课程改革的目标中可以看出，生活性德育理论对

[①] 于光. 德育主体论［M］. 北京：中国社会科学出版社，2010.
[②] 高德胜. 生活德育论［M］. 北京：人民出版社，2005.

德育实践的影响颇深，它与知性德育理念相对，反对道德理论知识的机械说教，倡导德育要走进生活、贴近生活、与生活紧密联系，做到德育实践从生活中来，再到生活中去。

生命德育理论[①]：这种理论主张德育应该重视学生生命世界的发展，关注学生的现实生存需要，努力帮助学生实现生命的成长。

体验性德育理论[②]：这种理论在当下比较流行，它也反对知性德育论的刻板说教，主张创设能够体现受教育者主体性的道德情境、道德活动或者道德课程。受教育者在教育者的导引下，进行自主体验，最终在体验后启迪道德智慧、生成道德人格。

交往性德育理论[③]：这种理论以"交往德育"这一新概念为基础，创造性地运用交往理论和觉解哲学的某些观点以及哲学的和历史—文化的批判诠释方法，对德育现象及其研究进行了深层的系统全面而细致的分析。通过塑造德育教学的交往时空、营造交往德育的良性氛围、建设交往德育的和谐环境等方式体现着这一理论在凸显生存与觉醒的德育本质与德育价值方面和传统的灌输德育的本质不同。

诗意性德育理论[④]：这种理论立足于我国现实运行中的学校德育工作忽视学生的主体地位而使道德教育的魅力不强的客观事实，想望着以传统文化中的美德因子或以历史变迁而积淀下来的特定美感形式来凸显道德教育中的诗意魅力。以至于可以使学生在学校教育阶段在心灵上获得循序渐进的诗意般的美德涵养，帮助其坚定人生信念，积蓄生活激情。

通过以上的总结可以看出，当代的德育理论研究呈现出多元化的趋势和特点，但"多元"中却有共同的指向——人。这些研究的发生点和最终归宿都观照到人以及人在其中存在与发展的生活世界，契合并彰显了"以人为本"的时

[①] 刘慧. 生命德育论 [M]. 北京：人民教育出版社，2005.
[②] 刘惊铎. 道德体验论 [M]. 北京：人民教育出版社，2003.
[③] 彭未名. 交往德育论 [M]. 太原：山西教育出版社，2010.
[④] 冯铁山. 诗意德育论 [M]. 北京：中国社会科学出版社，2012.

代精神与道德意蕴。

三、几点心得

第一，对学校德育学科课程改革的基本梳理。文中对研究问题中的德育学科课程做了明确的界定，并对课程设置、课程标准及教材内容在德育课程改革中出现的变化进行了详尽的阐述，并对变革的原因进行了分析，探寻出德育课程随着社会的变革而发生重大改变的理论与实践事实。

第二，对中国德育观的嬗变轨迹的厘定。书中以学校德育学科课程改革为蓝本，概括出了决定学校德育改革的主流价值观念，厘定了中华人民共和国成立以来，我国德育观经历了从公德私德兼修到泛政治化再到回归本体的主流变迁轨迹。同时，遵照历史事实，考量历史背景，深入剖析了催生并推动德育观变迁的各种因素。我们在厘定不同时期的主流价值观念的过程中，对各阶段的德育观的良莠进行了合理的审视，为新时期的德育改革提供了借鉴与依据。

第三，提出了在和谐视阈下将生态德育观的建构作为我国德育改革的应然探寻。不论是对历史的审视还是对现实的思考，其共同的旨趣都是为了建构适应社会发展、推动德育改革的价值观念。在社会日新月异而生态危机却日益严重的今天，应该建构一种德育观来启迪人们的道德智慧，规范人们的道德行为，生态德育观必定是不二之选。我们通过审视现实中德育的实然境遇去观照当代和谐社会中德育的应然使命，提出面向未来我们应该如何建构生态德育价值取向，并建构出"生态体验"这种理论与实践层面都行之有效的模式，为我国德育改革提供了理论上的支持。

第一章

德育观的内涵及其特征

人作为目的性存在的个体，其价值与意义是通过教育来培养和塑造的。因此，教育的终极目标在于对个体的价值归属进行引导和培育。道德教育应该根植于个体的价值与意义形成的场域，遵循德育价值的导向，依托于个体的现实生活，观照个体的目的性，通过"真理性"的价值观念的规范来实现青少年对主流价值的认同，并使其获得积极、健康的发展。于是，对德育观的核心概念、基本内容及主体功能进行厘定与把握，为充分认识并深刻理解我国德育观的嬗变提供了必要与可能。

第一节　核心概念的界定

价值观是理论中的常见名词，大多数情况下人们把它当作一个自明性术语来使用，很少对其进行详尽的分析。但是，作为一项针对德育观的专门性、系统性研究，要想对研究对象进行清晰、明确的阐释，就要对德育、价值观、德育观等基本概念予以界定。

一、德育概念的界定

德育一词产生于近代，18世纪中后期德国哲学家康德将按照道德法则去培养自由人的教育称作"道德教育"。同期，英国学者斯宾塞也在他的著作《教育论》一书中对教育进行了较为清晰的划分，分别是智育、德育、体育。由此可见，"德育"这一新的名词和概念在18世纪中后叶的西方国家中逐渐出现并形成。同时，也日益在教育领域中占据了一席之地。"德育"踏上中国的土地是在20世纪初，1912年蔡元培提出"五育并举"的教育宗旨，在"五育"中就包括"公民道德教育"。此后，我国教育界也逐渐认可了"德育"这一新的概念。

到底什么是"德育"？不同国家的多数学者认为"德育"指的就是道德教育（moral education）。随着"德育"一词的出现与发展，人们对其概念的探讨与研究也不断地深入。但在"百家争鸣"的教育界，对德育的认识并不统一，在对德育的内涵与外延的界定上，主要出现了"广义德育"与"狭义德育"两种不同的主张与声音。持"广义德育"观点的学者认为，德育是通过政治、思想、道德、法制、心理等一系列教育活动，培养并塑造人的品德与德性的教育。而持有"狭义德育"观点的学者则认为德育即指道德教育。近些年来，我国从事德育理论研究的大多数学者趋同于"德育即道德教育"这一认识，并认可德育为学校教育层面的道德教育。檀传宝教授的《德育原理》[1] 一书中与黄向阳所著的《德育原理》[2] 中都对"德育即学校道德教育"有明确的论断。这种统一的认识使我们能够较为清楚地理解并把握德育的内涵与外延，从而为研究学校道德教育的发展轨迹提供了清晰的指向。

如何去厘定德育的基本概念，在我国的学术界有着这样的基本共识。他们认为"德育"是一种由外而内的教育活动，国家或社会通过这种教育活动将自身的意愿和要求循序渐进地、有意识地、有计划地渗透给受教育者，最终促使外在

---

[1] 檀传宝. 德育原理 [M]. 北京：北京师范大学出版社，2005：4.
[2] 黄向阳. 德育原理 [M]. 上海：华东师范大学出版社，2002：2.

的社会德性内化为受教育者的个体德性的过程。简单地说，德育即引导受教育者主动建构自身德性的过程或活动。①

二、价值观概念的界定

价值观是人们主体意识与主体信念的一种反映。吴向东教授认为"价值观是人们基于生存、享受和发展的需要对某类事物的价值以及普遍价值的根本看法，是人们所持有的关于如何区分好与坏、对与错、符合与违背意愿的总体观念"②。价值观是主体在社会实践过程中对客观存在与真实生活的自我理解，这种"理解"是人们对主客体之间需要关系（即价值关系）的一种基本认识。而它在漫长的社会生活中不断沉积，逐渐升华，待到成为相对稳定的意识模式时，便反过来影响、导向、调整主体的社会实践活动。因此，价值观一旦形成，对主体的认识与实践活动的影响便是长期的。

任何时代、任何国度、任何阶级的群体和个体，他们的社会实践与生活实践都是在特有的价值观的影响与引导下进行的。不论你愿意与否、接受与否，价值观都在悄然地指导着人们的选择，规范着人们的行为，影响着人们的判断。由此可见，价值观在人们的生活中扮演着重要的角色。遗失了价值观的指导，人的生活便会从意义的境地回归到空虚的状态。因此，保证人类社会的健康发展和个体道德的提升，进行价值观教育是十分必要的。

价值观对人们价值选择的指导、价值判断的影响都是通过其自身的功能来实现的。价值观作为一种被社会大众所认可并持有的观念模式，在某种程度上决定了人们的活动方式、交往形式以及评判是非善恶的尺度。因此，价值观指导着人的认识与实践活动，并为这些活动提供精神上的动力。也正是为了保证可以持续地提供精神动力支持，价值观在不断变迁的社会与不断变化的人类实践活动中，丰盈与完善着自己，源源不断地为自身注入新的活力。在社会的变迁进程中，人

---

① 班华. 现代德育论 [M]. 合肥：安徽人民出版社，2005：5.
② 吴向东. 论价值观的形成与选择 [J]. 哲学研究，2008（5）：22-28.

们在不断地探寻生命的价值，在不断地追寻生命的意义，而因探寻与追寻所形成的实践活动推动了社会历史的发展。于是，人们对价值与意义的追逐又呈现出相应阶段的社会历史性。价值观是具体的历史阶段人们对具体的主客体需要关系的意识反映，它渗透在人们生活的各个层面，是人们赖以生存的思想根基。社会的变迁与发展牵动着价值观的变化，变化的核心是肯定与突破。肯定的是原有价值观的合理因子，而又随着社会的进步对原有价值观进行超越与创新，形成适合人类生存与发展的新的价值观。正是在扬弃的不断变幻中，价值观发挥着自身特有的功能。

三、德育观概念的界定

一直以来，人们对于价值的理解与把握经常走入这样的误区，即认为价值也就是道德价值，亦即好坏、善恶、美丑，并将其作为标准去评判一切事物。如此，就不可避免地缩小了价值的范畴，否定了道德价值以外的其他价值。[①] 其实，在价值的范畴中，道德价值占据着举足轻重的核心位置。因此，在价值观的系统中，道德价值观凭借着其对人的生存与发展的重要作用也占据了价值观领域的核心位置，但并不否认其他形态的价值观，如正义观、公平观、效率观、审美观，等等。

在我国，对于如何理解德育价值有以下几种较为集中的观点。首先的一种观点认为德育价值是德育本身的性质、功用等在帮助受教育者实现自身的内在需要的过程中所显现的效应，关注了客体对主体的作用。[②] 这种观点看似强调了德育价值的客观性，却无形中否认了其"主观"的一面，割裂了客观与主观的统一。第二种观点则认为，德育价值是指受教育者在德育活动过程中获得的实现主体目标、满足主体需要的完满结果。[③] 在完满结果中既有德性的形成，又有近似能力

[①] 江畅. 论价值观念 [J]. 人文杂志, 1998 (1): 16.
[②] 赵剑民. 试析德育价值与德育实效 [J]. 教育探索, 2001 (7): 81.
[③] 储培君. 德育论 [M]. 福州：福建教育出版社, 1997: 43.

的提升。还有一种观点则认为，德育价值是指德育的属性、功能等客体在促进与实现德育价值主体的内在需要过程中与主体建立起来的价值关系。[①] 这种观点比较准确地概括了德育价值的内涵即德育价值是客体属性在对待主体需要时建立起来的复杂关系。

明确了德育价值是一种"关系"，那么，德育观就是对这种"关系"的反映、确认、确证、追寻和坚守，是在产生德育价值的活动中逐渐确定下来的较为稳定的德育思维模式，它以观念、意识的形态引导并规范着道德教育的具体方式或活动形式。我国的德育观跟随着社会与历史的发展足迹从最初的形成到渐进的变革始终循着自身变化与发展的脉络与轨迹，它的嬗变可以说是承继历史、指导当下、引领未来的必然需要与现实选择。

德育观涉及道德、道德的价值、道德教育的价值和德育观（道德教育观）等诸范畴间的关系，同时又不是一个范畴之间的连接和过渡关系，毋宁说，它们是道德现象、道德教育现象和道德教育观之间的逻辑关系。道德，亦称德性，乃指一个人所具有的使他生活得好并使其出色地完成他的活动所需要的优良品质，以及这种品质的充分展现。简言之，德性就是一个人能够正确考虑、正当行动的品质与能力。人之必然、必须具有德性，乃因为德性这种品质和能力具有为其他任何价值物所不具有的价值，可分为目的论价值和工具论价值。目的论价值具有自足性，它是内在价值，它自身规定自身，是价值王国中的最高价值，这就是人格。人格是被尊重的对象，是使之作为人、成为人的资格。而这种资格的获得乃奠基于人有德性。道德的工具论价值指的是，一个人、一个组织、一个政党或政府，总而言之，一个行动者，通过其言和行令他人和自己愉快或生活得以改善的品质和能力，道德品质和道德能力的价值就在于使行动者履行对他者和自己的完全责任和不完全责任。道德教育的价值，就在于使受教育者获得使其能够正确思考和正当行动的品质与能力。而对道德教育价值的根本看法和核心理念就叫作道

---

① 李太平. 德育价值·德育功能·德育目的 [J]. 湖北大学学报（哲学社会科学版），1999（3）：89.

德教育价值观，简称为德育价值观，更简约地称为德育观。依照上述分析方法，可把德育观分为工具论的和目的论的两种属性。目的论的德育观指的是使受教育者成为什么样的人的规定与预设；工具论的德育观指的是通过何种课程、教材、教育方式和途径使受教育者拥有德性。毫无疑问，工具论的德育观是奠基于目的论的德育观之上的。但被人们选中的道德教育的内容、手段、途径和施教者并不必然地或不完全地实现目的论的德育观。于是，德育观的嬗变就不仅仅指目的论德育观的初建、完善和发展，辩护、批判与预设，也指工具论德育观的完善。

而就德育观的主体来看，可有个人的、组织的，国家或政党的；就可进行道德教育的领域看，也可有家庭教育、社会教育和学校教育。在传统社会，尽管同时存在着上述三种教育领域，但基本上属于民间教育模式。现代道德教育主要是学校教育，而学校道德教育恰是由政府实施的教育领域。于是课程设置、教材设计、教师配备都是在政府或政党之德育观的指导下完成的。基于此，研究中华人民共和国成立以来的德育观的嬗变，就必然表现为政党或政府之德育观的嬬变。借助德育学科课程的历史流变见出隐藏在其背后的政党或政府之德育观的嬗变构成了本书的主要论题，至于个人、组织之德育观的演变及其影响则只在必要时有所涉及和讨论。

第二节　德育观的内容构成

德育的价值突出地表现为其可以协调客体与主体以及不同主体之间的复杂的价值关系上，使人们不掺杂任何感性因素地去理解各种利益分配的游戏规则，凭借自身的控制能力，根据公平、公正、利益均沾的基本准则来厘清、协调并安排以其为核心的多种价值关系，这些关系包括个人对他人的关系也包括个人对社会的关系。由于价值关系的多样性，德育在变迁的过程中呈现出工具性、本体性、生态性等不同的价值旨趣，这些旨趣的提升形成了相应的德育价值观念。于是，带有明显旨趣的德育观组合在一起构成了我国德育观的基本内容。

一、工具德育观

人们对教育如何去适应并推进社会发展问题的根本看法凸显了德育观的工具旨趣，它明晰了人们对德育与社会发展需求之间的基本观点和评价标准。人类社会从原始进入现代，教育起到了推波助澜的作用，它同政治、经济一起在交错复杂的联系网中相互作用、相互促进，共同为社会的发展提供动力支持。因此，作为促进社会发展的"中流砥柱"的教育能否在时代的进程中继续输出"正能量"便成了德育工具价值重点关注的内容。

如何来实现德育的工具价值，一般来说，可以尝试两种途径。首先，社会的向前发展需要有知识、有文化的人才来推动或实现，那么，培养人才就成了满足社会发展需要的一条基本途径。无论是古代还是现代，无论是东方还是西方，无论意识形态有怎样的差异，不同时代的统治阶级的人才都是在接受了教育后方能成就改变历史的伟业。尤其是在工业革命以后，教育在提高劳动者的知识、文化素质方面发挥了巨大的作用，也就是普通的劳动者要和高级人才一样接受政治、经济、文化等多方面的教育，这样才能适应社会发展的需要。其次，可以通过教育领域中的教育者的直接参与或间接的影响，来带动或加快社会的发展。教育领域是知识分子和高科技人才的聚集地，各种先进的理念和前沿的技术都在这里孕育产生。现代社会中，学校不再是"只说不做"的象牙塔，越来越多的教育者用自身掌握的现代理念和科技知识或提供理论基石，或提供技术支持，不断创造着改造传统产业、建设新兴产业的奇迹，以直接或间接的方式适应社会发展的需要。

二、本体德育观

本体德育观即如何看待教育培养人这一问题，也就是对德育按照怎样的标准培养人，培养怎样的人及人应该具有怎样的价值和地位的观点和看法。德育的本体价值在于受教育者通过由道德因子搭建起来的德育通道后,获得身心发展的需要或者加快了个体全面均衡的发展。

在对待人的发展历经了怎样的过程这一问题时,有些学者主张人通过固有的天性,实现、完成了自我创造。他们认为,人的发展是自己创造自己的一个过程。人作为高级物种在自然界中出现,同自然界互相斗争、相互作用,在博弈的过程中人逐渐改造着自然,而被改造了的自然又相应地影响着人的发展。你来我往,最终使人成为了"人"。因此,在人的发展过程中,其自身既以主体的身份出现,又不自觉地充当了促进自身发展实现的客体。

随着历史阶段的不同及社会形态的不同,德育的本体价值也在发展、变化。目前,我国社会正处在多元发展的时代,人的物质欲望和精神渴求在这样的时代中都可以获得最大限度的满足。德育在完成推动社会发展的使命的同时更要观照个体的精神世界的提升与满足,使个体享受因精神丰富而带来的快感,其主体性可以获得全面和谐的发挥。因此,在社会发展的视阈下考虑德育与个体品德发展的关系是较为合理的。

三、生态德育观

生态社会是社会所呈现出的生态状态或者是对生态的一种价值诉求。在生态社会中物尽其用、人尽其能,人与自然、社会和谐共生地发展。可以说,生态社会是人类共同追求的目标。在这一目标实现的过程中,构建了人与自然、人与社会、人与人之间共识、共生、可持续发展的生态关系。生态德育观是构建生态社会的价值指向,并为其目标的最终实现提供价值上的导引。

生态德育观涉及生态自然、生态社会与生态人。生态自然凸显的是"天人合一"的理念,强调的是自然界本身以及人与自然的共生发展。生态社会关注的是社会制度、社会文化等的生态意蕴,通过社会美德及公民美德来实现生态社会的意旨。生态人则显现的是人自身身心的丰富完满以及人与人之间在认知与关系建立上的和谐统一。教育可以改造自然,也可以改变社会,但为了实现其促进人全面发展的宏伟目标，教育还要对人进行改造。改造出具有新时代特征的"新质人类"，也就是完成了人的现代化的转变。

第三节　主体功能的把握

德育观是对经过长期的德育实践活动而形成的普世的道德愿望的反映或总结，它是德育主体对德育对象发展状态的一种根本观点。它以其超强的统摄力引导着社会道德的形成与发展，并通过德育的理论与实践活动使社会道德逐渐向个体渗透，规训着个体道德的发展方向，在社会生活中逐渐实现个体与社会的道德认同。因此，德育观的发展与嬗变会对德育活动以及个体与社会道德产生深远的影响。这些影响是通过其显著的导引功能、认同功能、超越功能而实现的。

一、德育观的导引功能

有着深厚传统文化底蕴与根基的中国教育，历来重视对受教育者的思想道德品质的培养。虽然多元经济、多元文化的产生、并存与相互碰撞使人们对德育观的理解发生了改变，但学校德育仍凭借德育观的导引功能发挥着对受教育者由表及里、由内而外的全面的影响。

首先，德育观的导引功能表现在其对受教育者价值取向选择的导引方面。我国在追求现代化的征程中应该而且必须有价值观的教育相伴而行，如果失去了价值观教育，人们便丢失了信仰与精神支柱，个体在空虚的精神世界中游走，错爱、错恨、各种生活中的错位便会搅浑精神世界本应有的一汪清水，使个体看不到光明的前进方向，社会也会陷入极度的精神恐慌与精神危机之中。为了避免人们的精神萎缩，就要通过价值观教育这一有效的途径来保持精神世界的动力与活力。但是，就我国学校教育中的现实情况来看，价值观的教育名存实亡。这与大多数领导与教师内心中的"功利主义"有直接的关系，学校教育为了获取升学率提升背后的更大利益,让应试教育在素质教育的主流气候中大行其道。从德育学科课程的运行情况来看,德育内容被压缩、德育课时被占用、德育课教师不专业、德育活动流于形式等都注定了学校德育实效不高的悲催命运。寻根溯源是学校教育没有理性地对待价值观教育而酿成的苦果。

德育价值教育可以帮助受教育者道德价值观念的形成,也可以导引受教育者选择正确的价值取向。于是,面对一个多元价值观念的社会,价值教育作为一种新的教育理念的存在开启了新的教育理论与实践形式。教育需要理想、信念,如果抛开理想与信念,教育只能算作各种技巧与技术的集合而已。① 德育作为一种特殊的教育理论与实践形式,在继承教育的精髓中也树立了自身的理想与信念,而这些理想与信念又为德育价值的合理性提供了依据,也为价值取向的确立明确了方向。学校的道德教育在于培养并提供受教育者的道德品格,德育观通过导引并规范受教育者的价值取向,指导其如何通过实践活动去实现自身对道德的精神需要与追求,如何证明自己是道德世界中的现实存在,如何以道德的方式实现自己的生命等。

其次,德育观的导引功能还表现在其指导着受教育者主体性道德思想的形成与发展方面。从中华人民共和国成立到改革开放再到现代化建设的新时期,人的主体意识从封建伦理道德思想中被唤醒,主体地位得到了重新确立。人们关注的焦点也从纲常礼教转移到人本身,对道德的诉求也从对遥不可及的崇高道德理想的追求下移到对生存、幸福等原初道德的渴求②,社会的主流价值取向随着政治、经济、文化的不断发展而发生着改变,德育观念也在社会的变革驱动下,在各种新观念、新理论的共同参与下发生了根本性的嬗变。人类的思维也随着社会的不断进步发生着改变,他们清楚地意识到人的现代化才是社会现代化的根本,才是医治"反现代化"的一剂良药。而人的现代化除了意旨个体要具有现代化

---

① 梅萍. 对德育价值的深层思考 [J]. 江苏高教, 2005 (4): 77.
② 徐贵权. 论改革开放以来中国社会价值观的变迁 [J]. 南京师范大学学报(社会科学版), 2007 (1).

的科学文化知识与素养外，更重要的是要求个体要具有现代化的道德思想，其中包括道德人格、道德价值观念等方面的内容。我国的学校德育经过历史的洗礼与改造，发展至今已经将彰显受教育者的主体性道德思想作为其教育活动开展的宗旨与理念。在这种思想的指导下，学校德育关注对受教育者主体性道德素质的培养，因为关注受教育者主体性道德素质的培养就是关注其道德认知在突破道德定势而进行自我认识后的道德观念与道德行为，就是承认其德性的形成和发展是其经过理性认识后而进行主动建构的结果。而且从某种层面上来说，人的道德为其良好人格的养成提供了基石，也正基于此，学校德育尊重受教育者的道德选择，帮助他们确立道德人格，而确立起来的道德人格又成为学校德育顺利开展的前提，如此循环往复，彰显了学校德育对受教育者主体性道德人格养成的关注。现代化的道德思想还包括对主体性道德价值观念的培养和孕育。我国社会在深度变革的过程中，个体价值与社会价值、个体道德与社会道德之间必然要出现一定的冲突与矛盾。个体的价值与道德在于自主与自由的最大化，在于道德选择的不受限性，而个体是社会中的个体，去除了个体性的社会性要求其个体的行为与选择要在不违反社会规范的最低限度下，尽可能多地给个体进行自主选择的自由，尽可能多地为个体创造彰显个性的机会，以此来帮助个体逐渐具有符合社会道德的价值观念。因此，主体性道德价值观的形成不仅需要人们考虑如何使社会道德规范更加合理，使个体深切感受到社会道德表达的是对个人与群体利益需求的共同满足，更需要人们考虑的是如何使社会道德规范既能保证并促进社会的发展与完善，又能使个体的道德践行得以最大限度的发挥。

二、德育观的认同功能

随着人类社会物质与精神的极大丰富，多种多样的价值观念也纷至沓来。当下，让人们感到困扰的不是因为缺少价值观的有效指导而带来的价值选择迷茫，而是处在多元的价值观念之中不知如何进行"组织"和"协调"，使多种价值观能在生态的、可持续的、和谐的状态中共同发展，并且形成一种普遍认可的大众意义上的价值规范或价值原则。于是，"认同"一词便进入了人们的视阈。

认同是一个心理学名词，指的是个体体认或者模仿他人或团体的态度、行为，并使其能够成为自身人格的一部分的心理过程，将其与价值联姻，便有了价值认同。价值认同主要指的是在社会范围内，个体之间在对待某种特定事物的价值意义时所形成的共识。一般来讲，价值认同主要指在对待关涉社会共同体利益的问题或事物的时候，个体之间会基于习惯、传统、基本道德以及信仰等因素对该问题或事物的价值意义或价值判断达成某种共识。德育观居于价值观系统中的核心位置，它凭借其自身的价值认同功能推动着社会的健康发展并实现着个体存在的价值与意义。

德育观的认同突出地表现为它可以构建共同的价值信仰去丰富人们的精神世界。檀传宝教授认为，"中国德育的弊端之一是对于核心价值体系或终极价值问题的实践和理论上的回避。'价值无根性'的弊端已经导致了德育实践上的'实质性低迷'。走出德育'实质性低迷'的关键之一是实现信仰教育与道德教育的正确连接，建立道德学习主体的价值内核"[①]。事实上，参照我国学校德育学科课程的运行情况来看，课程内容较多涉及的是品德教育与伦理道德教育，关于信仰教育的内容是少之又少。这在一定程度上决定了教师不能深刻理解进行品德教育的真正意义，而学生也很难将外部的品德要求内化为自身的德性。于是，便出现了学校德育因为缺少价值认同而实效缺失的局面。其实，出现这一问题的症结在于我们没有通过德育观的认同将品德教育与信仰教育有机地结合起来，没有从信仰的高度去安排德育实践活动。如果能突破这一藩篱，出现的问题也随即会自消自灭。

人作为社会的存在物，他的存在与发展是与社会的运行状态息息相关的。可以说，社会存则人存，社会亡则人必亡。因此，一个社会能否为其成员构建一种人人都能自觉接受、自愿遵循甚至服从的社会价值规范或信仰决定了这个社会能否正常、有序、健康的发展，其成员能否在价值统一、精神充盈的社会中安身立

---

① 檀传宝. 信仰教育与道德教育[M]. 北京：教育科学出版社，1999：1.

命。所以说，没有共同的信仰，社会就不会发展，没有价值观的认同，社会便失去了发展的动力甚至无法存在。

德育观的认同除了价值认可外，还包括价值共享，更准确地说应该是道德价值共享。高速发展的科学技术使人与人之间的距离变得越来越小，作为"地球村""宇宙村"的"村民"，人们正享受着人类社会创造出的一切财富。共享时代的到来打开了阻隔资源、信息、文化等相互传递的大门，不同时空的人们可以共同享受同一空间或同一服务。社会的进步不但缩短了人与人之间的时空距离，而且拉近了彼此之间的心灵距离。社会成员在共享的状态下不断地完善着自我，凸显现代化社会的价值气息。

人的思想来源于对公共事物的理解，但其形成是受到主体的文化、道德、信仰等主观因素的影响的，思想的存在具有一定的公共分享性。正如越来越多的人喜欢在微博中谈古论今，愿意在微信中分享自己的喜怒哀乐一样，思想或者说心灵在潜意识中是追求被分享的。只有被确切地表达出来，才能实现其自身的"小确幸"（微小而确定的幸福），才能证明其真实的价值存在。人的思想在面对现代社会的文化问题时，出现了认同上的困惑，人对现代性的追求是在对传统的批驳与否定的基础上进行的。对于构建现代性的文化，必然要对传统文化进行品评，在这一过程中势必造成人们对传统文化认同的错乱，出现文化断层、文化真空，最终影响文化的现代化。事实上，文化的现代化就是文化的物质化和技术化，而这种现代化不但不能调整人们的认同紊乱，而且可能导致文化危机。道德作为文化系统中的重要组成部分，它的价值可以说是灯塔，为社会道德向前航行指明了方向。社会中的道德价值一旦形成，仿佛会有种无形的力量在召唤全体社会成员向其聚拢，共同分享其雨露的恩泽与滋润，而人类社会在漫长的发展历程中汇聚出的民主、博爱等美德为道德价值共享提供了果实。对于人类社会的每一位成员来说，都应该而且必须践行这些道德价值，以此来标识社会的发展和人类的进步。

三、德育观的超越功能

中华人民共和国成立以来，我国社会经历了深刻变革，社会关系和价值观念都发生了巨大的变化。这种变革或变化观照到社会生活的方方面面，必然也观照到德育观的存留。德育观为了适应社会的变革与发展，为了跟随历史发展的脚步，也在以自身的嬗变来保证自己的现实存在。学校德育作为对社会成员进行道德教育的主要渠道，其自身应该以何种价值观念作为指导去开展德育实践活动以便契合社会的发展，是值得深入探寻并研究的问题。

随着我国政治、经济、文化各领域的繁荣发展，学校德育也在各种改革的大气候中被影响、被感染，也在不断地发生着改变。社会的深度变革不仅逐渐满足了人们对物质的渴求与需要，而且在改革中积淀下来的公平、正义、仁爱等观念与美德也刺激了人们精神世界的神经，并迎合了人们在物质富足状态下渴求精神的需要。这是社会进步的标志，也是人类走向文明的内在趋势。我国的改革开放成功地建立了社会主义市场经济体制，市场经济隐含着物化、功利、工具的因子。因此，在改革开放初期，社会上出现了功利主义、利己主义、享乐主义等多种价值观念。这些思想或观念充斥着校园，使学校德育也显现了功利主义的色彩。教育，特别是德育，它关注的是对人们心灵的净化与灵魂的塑造，它有别于市场经济中的其他领域。因此，简单粗暴地用市场经济的规则去规范学校德育，势必会造成其本质精神的缺失，使德育因不明价值方向而陷入困扰不安的失范境遇，最终带来的是人的精神危机与社会的道德危机。道德以精神的形式存在于人的现实生活中，对生活的反映是多种多样的，道德实际上是人们内在的精神层面的需求，只有精神世界完满了，人才能称其为"人"。因此，"只有通过道德教育去突破、超越纯粹的市场规范，去丰盈人们的精神世界以抵制贪婪私欲与享乐拜金的恶意侵袭，才能使市场循着健康、有序的规范良性运行"[1]。

教育作为一种理论与实践活动旨在实现人的全面发展，并通过人的全面发展

---

[1] 鲁洁. 超越与创新 [M]. 北京：人民教育出版社，2001：245.

去实现社会的全面发展。因此，教育既要着眼于现实需要，又要根据人与社会的发展趋势去勾画超越现实需要的未来需要。于是，教育具有一定的前瞻性，或者说教育具有超越性。教育的前瞻性或超越性是教育为了实现既定的目标、完成价值上的追求而对现实要求的一种提升或超越。我们可以将其理解为是教育的自我突破与自我解放，但这种突破与解放不是一时的心血来潮，也不是非理智的胡乱妄为，而是在充分尊重并认可现实要求的前提下，对有可能限制人与社会全面发展的不合理因子进行改造，是基于现实又超越现实的突破与解放。人作为社会的组成要素，他的存在与发展受制于社会又影响着社会。学校德育担负着构建美好精神家园的历史重任，它的视阈应该更加开阔、更加高远，应该突破物质的限制而追求高尚精神的满足，应该立足当下而指向未来。参照我国学校德育学科课程的发展历史，不论是课程名称、教材内容的变化，还是课程标准中德目表述上的变更，都显现了德育超越性的一面。

个体的道德品质的形成与道德素养的提升是通过学校德育这一有效形式实现的。高尚的道德品质与纯净的道德气质无形中迎合了个体对德性养成与人格完善的道德诉求，让其感受到精神需要被满足后的愉悦与畅快。而对社会来说，如果社会是由无数个道德"集合体"构成，那么这些"集合体"便会用汇集在他们身上的美德去协调社会中的各种关系，去调和社会中的各种矛盾冲突，保障社会能够健康、有序、稳定地向前发展，从而满足"集合体"自身发展的需要。所以，学校德育蕴含着本体价值与工具价值的双重价值意味。但是新课程改革以前的学校德育似乎将工具价值摆在了突出的位置。它过分地强调德育应该培养何种人才去适应社会发展的需要，而忽视了对受教育者主体价值的关怀，使德育观一度呈现工具性的价值取向。事实上，正如前面所述，德育是具有超越性的实践活动，"它是遵循着指向未来的道德理想去改造人、培育人，使人在追求理想境界的过程中感受到内在世界与外在世界的冲突，从而改变思维方式与行为方式，实现对现实的突破与对理想的追求"[1]。

---

[1] 鲁洁. 道德教育：一种超越[J]. 中国教育学刊, 1994 (6): 2.

事实上，以一种基本观点、态度或实施依据为德育的主要表征的德育观，它并不是希望用规则、规范等外在的东西来捆绑、限制人的自由全面发展，而是希望借助个体内在道德观念的构建，指导个体追求美善的价值并树立崇高的信念，远离劣行的污浊，以使社会免除道德危机。所以，德育观的超越功能为个体道德与社会道德的提升与发展提供了依据。

第二章

德育学科课程的历史变迁

德育观作为指向受教育者应然的思与行的观念形态，必然要在可践行的意义上转换成德育课程、德育教材和德育教学，后者是实现前者的实践形态。德育观为体，课程、教材、教学为用。德育学科课程的变迁历程[①]是其形成与发展的过程，在此过程中该课程的课程设置、课程标准、教科书内容等方面都发生了深度变革，在不同的历史时期表现出不同的特点。

第一节　德育学科课程的解读

一、"德育学科课程"的厘定

对于"学科"这一名词的解释，放在不同的语境中会得出不同的含义。"学

[①] 本书所研究的"中国德育观"重点指新中国成立后的德育观，因此对德育学科课程研究的关注阶段也重点放在了新中国成立后的各时期。但对新中国成立前的课程设置也做了梳理，将其作为研究的背景突出历史感。

科"可以指某一科学的领域或者是某一门科学的分支，突出的是学科的分类，也就是指知识体系中专门、系统的知识门类。"学科"还可以指教育系统中教学的各种科目①，这与课程的狭义的含义比较接近。教育经过长期的发展，被制度化以后便出现了学科课程。《教育大辞典》中对其有这样的定义：学科课程亦称"分科课程"，以文化遗产为基础组织起来的传统的课程形态的总称，由一定数量的不同学科组成，各门学科各具固有的逻辑和系统②。从理论上说，道德教育不能作为一门学科课程，因为德育所应该包含的内容非常庞杂，综合性很强，没有一门固定的学术学科能够为其提供特定的知识背景，而且其自身也没有特有的逻辑和系统，教育的过程也是在多种学科内容的整合和多种途径的参与基础上实现的。但是，从学校教育现实的角度看，在学校设置专门的德育学科课程对学生进行相对集中的思想政治教育和道德品质培养是十分必要的。于是，作为学校道德教育重要组成部分的德育学科课程现实地存在并扮演着对学生进行德育的主渠道的角色，它有明确的课程目标、严格的课程标准、规范的教学用书以及专业的师资队伍，在以全面提升学生的道德素质为目的的导向下，以传授道德规范、塑造道德人格为主要内容，成为一种最直接的道德教育方式。我国的德育学科课程从最初的"修身"科发展为今天的《思想品德》《思想政治》，虽然该课程的名称、内容历经变迁，但这门课程一直在学校教育系统中占据着首要地位。从我国德育学科课程运行的实际情况来看，德育学科课程实际是人们将经过历史的积淀而形成的道德规范或道德美德以德育目标的形式呈现在课程标准中，教材编制者又根据课程标准将这些规范、美德以文本的形式反映在教科书中，又经过专业德育课教师的系统讲授，实现学生道德水平提升的一门课程。因此，书中所论述的德育学科课程有明确的指向，是指我国学校课程体系中，中小学阶段的德育学科课程。

---

① 顾明远. 教育大辞典 [M]. 上海：上海教育出版社，1998：1800.
② 顾明远. 教育大辞典 [M]. 上海：上海教育出版社，1998：1800.

二、德育学科课程的特征

德育学科课程作为有别于学校课程体系中语文、数学、外语等其他学科课程的一门特殊课程必然有其自身的独特性,而且其作为学校诸多道德教育方式中的一种重要形式,也必然存在着有别于其他方式的本质特性。因此,只有把握了德育学科课程的独特性,我们才能对该课程的功能进行准确、合理的定位。

(一) 非规范性的学科课程

虽然德育学科课程在学校的课程体系中是一种现实存在,但它并非是规范意义上的学科课程。教育理论界一般认为相对规范的学科课程首先要有清楚、明晰的课程目标,为课程的运行提供方向上的指引;其次要有一定的知识背景,这些背景可以是相关或者是相近学科的理论知识;同时,在课程运行的过程中要有专业的学科教师根据课程实际、学生实际、社会发展实际遵循按部就班、逐渐深入的原则按照教材由浅入深地开展教学;最后,规范的学科课程还要通过行之有效的评价方式对实际的课程运行效果做客观的评价。[①] 基于此种观点,德育学科课程想要成为规范学科课程家族中的一员似乎有些难度。

第一,缺少固有的逻辑和系统。

课程内容的逻辑性和系统性决定着课程实施的效果如何,因此如何选择和编排课程内容便成了课程编制者在设计课程时重点关注的问题。从其他学科(特别是理工科)的课程内容来看,大部分是以相关或相近学科的内容作为知识背景的,构成了较为系统而且相对完整的内容体系,课程编制者仅仅需要考虑的是怎样按照学生的身心发展水平和特点设计教学内容。而德育学科课程则不然,它所包含的内容十分庞杂,没有专门的学科为其提供知识背景,缺少一定的逻辑性和系统性,这从中西方国家德育内容的差别以及我国不同历史时期对德育内容的调整上便能略窥一斑。就我国现实的德育学科课程而言,涉及了心理、法律、国

---

① 施良方. 课程理论:课程的基础、原理与问题 [M]. 北京:教育科学出版社,2003.

情、政治、经济、文化、哲学等多方面、多领域的内容。这些内容在实现德育的情感、态度、价值观目标时往往综合起来发挥作用。在一定程度上，这也决定了德育学科课程不能如其他学科课程一样有相对清楚的逻辑和系统，它的运行有赖于多学科的共同作用。

第二，教师角色的与众不同。

一直以来，人们对"美德即知识"的深层问题"美德是否可教"的讨论众说纷纭。如果美德真的可教，那如其他学科课程一样，它应该有专门的"美德"课教师。

在我国的教育系统中，不同的学科为了实现特有的教学目标，教师所要面对的要求也大不相同。就现行的中小学德育学科课程来看，尽管课程名称和教学内容由于不同的年级会有不同。但是它们在帮助学生养成良好的行为习惯、形成积极的道德情感、树立正确的"三观"（世界观、人生观、价值观）等课程目标的设置上却呈现了高度的一致。这种关注学生"德性"发展的课程目标也成了该课程区别于其他学科课程的特殊标志。如前所说，德育学科课程的特殊性也就决定了其要对课程教师提出特殊的要求。这种特殊要求不仅包括教师要具备相关的专业理论知识，而且教师要具有良好的道德素质，并将自身的道德素质转化为一种隐性的课程资源带入到教育过程中。于是，在理论上应该出现这样一个公式：德育课教师＝道德高尚的人。然而，理想与现实终归有一定的距离，在现实生活中具有崇高的道德理想和高尚的道德品质的人毕竟是一小部分。我们无法要求德育课教师都是这小部分中的一员，也无法苛求教育者的道德素质一定要比受教育者的道德素质高。过分要求德育课教师都是高尚的道德家本身就是违背道德的。对教师道德素质的要求只能是理论层面的倡导，而难以通过现实层面的操作去实现。

第三，缺少有效的评价方式。

评价对于每一门课程来说都是不可缺少的一个环节，通过评价可以发现课程在运行过程中的偏差，及时地进行诊断和修正。通过评价还可以反馈课程目标设置得是否合理、目标达成的程度如何等。德育学科课程在课程评价方面也有着自身的独特性。

任何一门课程的课程目标都决定了这门课程评价方式的选择。德育学科课程的课程目标是为了培养学生的道德情感、提升学生的道德素质，因此在评价方式的选择上就是要契合于这一指向。人的情感、态度、价值观的变化大多没有明显的外显行为，而是通过不易被察觉的内隐的行为倾向呈现出来的，如若对这些方面进行评价，就需要长期"监测"内隐行为倾向的变化，进而得出评价结果。比如对学生的价值观进行评价，观念本身就是一种看不见、摸不着的东西，是一种意识的存在物，我们无法直观地看见学生的价值观，只能是"监测"他们由于价值观的影响而表现出来的实际行为的好坏去推断影响着他们的内在观念的优劣。这与评价知识的学习或者是评价技能的掌握就迥然不同了。对知识和技能学习的评价可以将"准确地掌握知识""熟练地操作技能"等作为衡量的具体指标。可是，如果将这样的指标作为尺度或标准去评判德育学科课程的运行效果，恐怕最终得到的结果只能是以道德理论知识的获得为变量的坐标图，而对学生的道德情感、道德人格、价值观等内隐的道德因子的评价则非常有限。目前，对学生的道德发展评价经常使用的方法是问卷调查法、情境测试法、谈话法等。但由于人的复杂性和社会性等因素，内在的想法和外在的行为往往不统一。因此，这些评价方法很难检测出学生实际的道德水平，评价的信度与效度甚微。

另外，德育学科课程的评价除了要考查学生的道德发展状况外，还要考查该课程在学生道德发展的过程中发挥的作用如何。但关键在于对学生的道德发展产生影响的因素很多，有来自家庭的，也有来自社会的。对于存在多种影响因素的学校德育学科课程来说，课程的实际运行情况与现实中学生德性的实际发展水平不一定有必然的对等关系。就如"婴儿看见奶嘴儿嘴唇会蠕动可能是正常的条件反射，也可能是因为真的饥饿，还有可能是因为奶嘴儿像妈妈的乳头"一样，个体的行为可以有不同的根源。如此，我们何以断定德育学科课程的实施与学生德性的发展水平必然有"应该"的因果联系呢？可见，要评价该课程对学生的道德发展水平的变化所产生的作用是十分不易的。

（二）偏重德性提升的课程

作为担负着提升学生道德素质的主要渠道的德育学科课程，在学校的教育系统中以具体而又有效的德育形式出现，相比较于其他的德育形式而言，这种形式呈现了一些不同的特点。德育课程的目标是要实现学生的道德素质的全面提升，学生通过道德学习而诱发出道德理性和道德情感，再综合自身的道德行为的实践来实现提升过程。目前，我国学生的道德学习主要是通过课堂教学来完成的。碍于学校教育的时空限定，道德学习只能在固定的时间和空间范围内，学生对呈现在教科书上的德育内容进行信息汲取，经过自身思维的再加工，获得道德水平的发展。因此，德育学科课程作为课程表中的一名成员，其教育情境被限制在了学校教育固定的时空中，道德教育围绕着教科书中的文本信息展开，制约了实际践行和情感体悟等德育情境的创设和德育方式的开展，突出了该课程偏重学生的道德认知的发展与道德理性的形成的特点。

（三）集中、同步的教育方式

道德教育的方式很多，每种方式都表现出有别于他者的特点和指向。德育学科课程作为近代班级授课制的"标准产品"，它身上必然体现着一些"标准化"的特征。班级授课制是由个别教学形式和集体教学形式经过不断的演变而形成的。夸美纽斯在其《大教学论》中对课堂教学进行论证，奠定了班级授课制的理论基础。班级授课与个别教学或其他形式的教学必然存在本质上的不同，它以班级为固定的空间，将年龄层次和知识水平大体相同的学生组织起来，在固定的空间内按照固定的时间和统一的节奏，由教师通过讲授的方式对学生进行教育。德育学科课程作为班级授课制与道德教育结合的产物，必然无法摆脱这些明显特征的影响。

首先，该课程是在课堂这个固定的时间和空间内面向全体学生实施的。因此，这种道德教育方式相对集中。其次，在课堂教学中，教师按照统一的起止时间安排教学，班级中所有学生获取的教学内容和教学进度都是一致的，由教师按照固定的教学计划对教学文本上的道德理论知识进行教学,于是,这种方式又是一种同步进行的道德教育方式。因此,相较于其他内容丰富多变、形式灵活多样的道德教育方式如直接的道德践行和道德体悟而言,这种集中、同步的学科课程形式无法过多地观照学生的主体需要,单纯地从标准统一的要求出发,无形中影响着课程运行的实效。

(四) 对教师素质的要求独特

德育学科课程的定位决定了它是一门旨在促进学生的道德品格发展的课程。为了体现课程定位、实现课程目标,它需要借助一定的载体来完成。而对于德育学科课程的载体来说,它们会被要求要凝结着道德的因子或理念于自身,在德育实践过程中它们可以起到对学生进行潜移默化的道德教育的作用。针对德育学科课程,其课程教师自身所富含的厚德载物、明德惟馨的气质就担当了提升学生德性的无形载体。在散发着美善道德气息的教师的长期熏染下,学生的道德成长也会悄无声息地进行。如果说其他学科课程的教育过程中,学生可以将教师的道德素质与他所传授的知识内容区分开来,那德育学科课程做不到。就如小原国芳所言:"不管想要实施多么有意识的、有具体方案的教育,话说得多么大,自己没有的东西终归是传授不出去的。同样,尽管不想传授,而欲隐藏,可是内在的我必然要向外表现,不知不觉之间,就使他人在受影响。"[1] 德育学科课程教师就是这样,即使他们想掩盖自身的气质与特质,但真实的自我还是会对学生的道德养成产生"先入为主"的影响。

教师对德育学科课程本身的影响具体表现在两个方面。一方面,教师的职业道德、职业素养和道德素质的优劣对该学科课程运行的实效性将产生重要影响。试想,一个道德品质高尚的教师自身散发出来的美德的魅力,怎能不对学生的道德学习产生"润物细无声"的良好影响?而有了这种美德场域的奠基作用,学生又怎能不"亲其师,而信其道"呢?当然,这并不表明其他学科课程教师的

---

[1] 小原国芳. 小原国芳教育论著选(上卷)[M]. 由其民,刘剑乔,吴光威,译. 北京:人民教育出版社,1993:159.

道德水平不重要，而是相比较而言，德育学科课程对其教师的道德素质水平要求更高，仅仅具备基本的职业素养是不够的。就如我们很难想象一个蹩脚的医生可以成为"传世华佗"一样，我们更难想象一个道德品质恶劣的人可以成为道德教育的"一代宗师"。德育学科课程教师与其所教授的道德知识是共生的关系，共同担负着作为道德教育载体的"育德"职责。

另外，教师对所教授的道德知识的态度也影响着学生对德育内容的接受程度。德育学科课程的实施一般是通过教师对教科书中的德育内容的教授来实现的，因此，教师对所教内容的态度如何，直接影响到学生对其接受的"热情"程度。如果教师对自己所教授的内容深信不疑，并且将课程中所传递的价值观念切实转化为自身的规范去践行，学生也必然会积极地接受课程所承载的德育内容。反之，如果教师自身的价值观念和行为表现与课程所传递的价值观念相悖，学生便会怀疑甚至否定传递给他们的德育内容，从情感上抵触道德知识的接受。所以说，教师在进行道德理论知识传授时的态度如何，直接影响着学生对德育内容接受时的心理与态度，从而影响着德性提升的实效。

第二节 德育学科课程设置的历史变迁

我国在清朝末期以前，没有设置专门的德育学科课程对学生进行良好的道德修养与行为习惯等方面的教育，但这些方面的内容却现实地存在，只是散落在其他的科目中。虽然在学术界对德育学科课程的独立设置问题一直在讨论也一直在争论，但伴随着历史的发展，伴随着现代教育制度"羽翼"的逐渐丰满，许多国家都将该课程作为一门独立的课程在学校教育系统中进行设置。

最早将德育学科课程以课程的形式确定下来的国家是日本。1872年日本颁布了《学制》，明确要求在小学阶段开设《修身》课程，在中学阶段开设《修身学》课程。法国在1882年将《道德课》放入学校课程体系中，它的出现标志着该课程在学校课程系统中具有了正式的身份。随后，不同地区的不同国家也陆续在其课程体系中确定了《公民道德课》《人格教育课》《修身课》《道德教育价值课》《公民课》等课程的正式身份，希望可以通过系统的课程内容，让学生有效地接受道德知识和道德理论。

本书的主旨是试图通过我国德育学科课程的历史变迁探寻隐藏在其背后的德育观念的历史嬗变轨迹，因此，将德育学科课程设置的变迁作为一个切入点展开了对问题的研究。

一、新中国成立前德育学科课程发展概述及理性剖析

（一）新中国成立前德育学科课程发展概述

1. 清朝末期德育学科课程的设置①

我国真正意义上的中学德育学科课程的设置应该是在近代。在清朝末期，由于洋务运动和维新运动的开展，新式学堂制度开始建立，在新式学堂课程中设置了《修身》《读经讲经》《法制与理财》三科，这就是所谓的中学德育课。《修身》科的教学时数为每周1学时，《读经讲经》科的教学时数为每周6学时，《法制与理财》科的教学时数为每周3学时。清政府非常重视这些课程，并把它们列为首要科目。《修身》科的教学目的和主要内容是："养正遗规、训俗遗规、教女遗规、从政遗规、在官法戒录。"②《读经讲经》科的教学目的和主要内容是"中国之经书，即是中国之宗教。若学堂不读经书，则是尧、舜、禹、汤、文、武、周公、孔子之道，所为三纲五常者尽行废绝，中国必不能立国矣。学失其本则无学，政失其本则无政，其本既失，则爱国爱类之心亦随之改易矣，安有富强之望乎？故无论学生将来所执何业，在学堂时经书必宜诵读讲解，各学堂所读有

---

① 对此时德育学科课程设置的研究参考了张志建. 中学思想政治课发展史［M］. 北京：北京师范大学出版社，1994.

② 对清朝末期德育学科课程的教学目的及主要内容的研究参考了由张百熙、张之洞、荣庆主持制定的《奏定学堂章程》，转引自于建福. 清末中小学堂"读经讲经"课程设置及启示［J］. 教育学报，2012（6）.

多少,所讲有深浅,并非强归一致,极之由小学改业者,亦必须曾诵经书之要旨,略闻圣教之要义,方足以定其心性,正其本源。"①《法制与理财》科的教学目的和主要内容是:"讲法制理财者,当就法制及理财所关之事宜,教以国民生活所必需之知识,据现在之法律制度讲明其大概,及国家财政、民间财用之要略。"②这三个科目,都是从个人生活、家庭生活、社会生活和国家政治生活四个方面,向学生进行道德品质和思想政治教育。

2. 民国初期德育学科课程的设置

民国初期主要是指从中华民国临时政府成立到北洋政府统治时期。中华民国成立后,当时的教育部就颁布了《中学校令》和《中学校令实行规则》,规定"中学校以完足普通教育,造成健全国民为宗旨",指出必须学习《修身》和《法制经济》等课程。《修身》科教学时数为每周1学时。其主要教学内容为:第一学年学习对国家之责务、对社会之责务;第二学年学习对家族及自己之责务、对人类及万有之责务、演习礼仪法;第三学年学习伦理学大要、教授方法、演习礼仪法;第四学年学习伦理学大要、本国道德之特色。《法制经济》科教学时数为每周2学时。其主要教学内容为:法制经济要旨在养成公民观念及生活上必需之知识,即授予现行法规及经济之大要。

同时,民国一成立就宣布废除《读经讲经》一科。但到了民国四年,袁世凯下令恢复了该科目,袁世凯称帝失败后这一科目又被撤销。

1922年,北洋政府在民众的呼声中对旧学制进行了改造,并颁布了新学制。新学制将《修身》科改为《公民》科,初、高中均设置该科。同时,在高中还增设了《人生哲学》和《社会问题》两科。《公民》科的教学目标是:研究人类社会生活,了解宪政精神,培养法律常识,略知经济学原理,略明国际关系,养成公民道德。蔡元培还提出了军国民教育、实利主义教育、公民道德教育、世界

---

①② 对清朝末期德育学科课程的教学目的及主要内容的研究参考了由张百熙、张之洞、荣庆主持制定的《奏定学堂章程》,转引自于建福. 清末中小学堂"读经讲经"课程设置及启示[J]. 教育学报,2012(6).

观教育、美感教育的"五育"并举的教育宗旨。《人生哲学》科的教学目标主要是：在使学生渐明人生之真相与修养之方法。主要教学内容有：人之外视，人之内视，人生之价值及修养。《社会问题》科的教学目标主要是：使学生具有共同生活的情形，说明人类共同生活的一方面，讨论共同生活的性质，研究对于学生的缺点如何补救。主要教学内容有：家庭问题、人口问题、产业问题、社会病理问题、社会学等。

3. 国民政府时期德育学科课程的设置

国民政府主要是指国民党政府统治时期。1928年，国民党政府为了适应蒋介石统治的需要，起草课程标准，将初、高中的《公民》科改为《党义》科。《党义》科每周2学时，主要教学内容有：建国大纲浅说、建国方略概要、三民主义与五权宪法浅释、直接民权运用等。国民党政府还特别通过《党义》科来控制当时的言行，在《各级学校党义教师及训育主任工作大纲》中规定：党义教师和训育教师共同的工作有："时时与学生接近，籍以匡正其思想言论行动""随时调查学生平时交友种类及行动"。

1931年，国民政府认为对中学生进行"三民主义"教育不应只是党义内容，还应包括道德、政治、法律、经济等内容，于是又将《党义》科改为《公民》科。课时安排是：初中一、二年级每周2学时，初三年级每周1学时。初中的教学内容主要有：公民生活与公民道德、公民与政治生活、地方自治、法律大意、公民与经济生活等。抗日战争时期和解放战争时期，国民党政府开设的中学德育课程仍然是《公民》科，但对课程标准也都做过相应的修订。如1936年、1940年、1948年曾三次对课程目标、教学内容、教学方法等进行过调整。

4. 民主革命时期德育学科课程的设置

第二次大革命开始后，中国共产党开始有自己的根据地，在根据地创办了各级各类学校，有普通中学、师范学校、普通小学、干部学校、夜校和半日校等，在这些学校都开设有德育学科课程。下面分别加以介绍。

土地革命时期根据地的德育学科课程。川陕根据地创办的工农中学，德育学科课程的教学内容主要是《革命三字经》《红色战士丛书》。湘鄂西根据地创办的列宁学校，德育学科课程的教学内容主要是共产主义。鄂豫根据地创办的师范学校，德育学科课程的教学内容主要是列宁主义提纲、共产主义、形势政策等。

抗日战争时期的德育学科课程。陕甘宁边区各中学的德育学科课程，初中开设《公民》科，每周2学时，教学内容主要有民主集中制、青年修养、中国的政党、三民主义与共产主义、中国社会与中国革命等。

晋察冀边区各中学的德育学科课程，主要开设《政治常识》和《社会科学》科，教学内容主要有民主政治、世界政治常识、中国革命史、社会发展史、中国社会基本问题、党的重大方针政策、三民主义与统一战线等。

晋绥边区各中学的德育学科课程，主要开设《公民》《政治常识》《社会科学》等科，教学内容主要有革命工作者的修养、论持久战、统一战线、国际问题、妇女问题、抗日基本政策等。

解放战争时期的德育学科课程。西北解放区各中学的德育学科课程，主要开设《政治常识》和《公民》科，教学内容主要有社会发展史、新民主主义论、各级政策、中国革命基本问题、人类进化史、蒋统区的经济状况、解放区的经济等。

华北解放区各中学的德育学科课程，初中一年级开设《中国现状》和《中国革命》科，主要讲授四大家族、人民公敌蒋介石、现代中国的两种社会、中国革命和中国共产党、新民主主义论、论联合政府等内容；初中二年级开设《世界现状》和《社会常识》科，主要讲授帝国主义论、目前我们的形势和任务、社会发展简史、社会科学概论等内容；初中三年级开设《人生观》和《社会调查》科，主要讲授整风文献、毛泽东农村调查等内容。

中原解放区各中学的德育学科课程，初中开设《民主政治》科，每周4学时；《时事研究》科，每周2学时；《青年问题》，每周2学时。讲授的内容主要有民主思想、唯物主义观点、劳动观念、社会科学常识、人生观、待人接物、工作态度等。

（二）课程设置的理性剖析

从中华人民共和国成立之前德育学科课程的开设情况看，可以显见该课程在课程内容、培养重心、课程设置方面存在的明显特点。

1. 课程内容纷繁复杂

清朝末期开设了《修身》课，但随着社会的向前发展，对人才素质的要求不断提升，于是把《修身》课改为《公民》课，在教学内容上也将历史、地理等内容混杂在公民素质的培养内容中一起进行教学，这样做的目的就是要通过教育教学使人们掌握公民的基本素质与公民社会的基本要求，帮助人们养成良好的行为习惯。后来到了国民政府时期，国家又将"三民主义"作为主要的课程内容。从这些变化的过程可以看出，就课程内容来说，修身课更多的是关注了个体自身德性方面的内容，没有大范围的涉及公共生活。相比较而言，《公民》课的教学则让德育学科课程所涉及的内容越来越扩大化，涵盖了历史、地理、公民道德、政治信仰等内容，使该学科课程所涵盖的内容十分庞杂。这样看来，德育学科课程虽然以一门课程的形式存在，但在教学内容上并没有突出它区别于其他课程的独特性，好像只要与政治、道德和人们日常生活有关的都可以进入德育学科课程的教学之中，人们对在规范情况下应该将哪些领域的知识纳入德育学科课程的内容体系中没有明确的认识，无形中导致了该课程没有较为固定的内容体系，也使它独立学科的身份不甚明显。于是，就萌生出这样一个问题：德育学科课程应该涉及哪些内容，它能否脱离其他学科而独立存在？

2. 培养重心不断变化

从 1923 年到 1948 年，国家颁布的针对小学和初中的公民教育的课程标准一共有 7 个,其中小学 2 个,初中 5 个。① 从这些课程标准中我们可以看出,"公民"一词逐渐进入人们的生活之中,而"公民教育"也进入了学校的教育体系。如果说之前的《修身》课关注的是个体私德的培养和形成,那么《公民》课的教育理念则转向了如何培养合格的公民上。这种培养重心的转向反映了人们观念的转变,而这种转变也是很有意义的,"公民教育"的提出和实行既顺应了世界范围内道德教育的浪潮,而且也契合了中国的具体国情。

3. 课程设置突显"工具性"

通过观察中华人民共和国成立前德育学科课程的发展历史,我们不难看出,德育课无非是统治阶级向学生全面地传授代表统治阶级利益的政治、伦理、礼仪、历史等知识和思想意识,从而为维护统治阶级的根本利益服务的工具。

清政府时期的《修身》课倡导"养正遗规、训俗遗规、教女遗规、从政遗规、在官法戒录"②,就是要培养"臣民""子民"之类的顺民;北洋政府在历史上存在的时间虽然短暂,但其主流价值观如共和、公民教育等思想也反映在德育学科课程之中;而国民政府时期,为了适应统治阶级的需要,设置《党义》科,宣传建国大纲、三民主义等,控制当时人们的言行。所以,德育学科课程无论从课程名称、课程目标到课程标准以及教科书的内容都是随着国家政治的变化而变化的,从每一次变化中都能看到当时国家政治的主张与要求,突显了德育学科课程的工具性。

---

① 课程教材研究所. 20 世纪中国中小学课程标准·教学大纲汇编(思想政治卷)[M]. 北京:人民教育出版社,2001.(小学的公民教育课程标准:《小学公民课程纲要》《小学公民训练标准》;初中的公民教育课程标准:1932 年《初级中学公民课程标准》、1936 年《初级中学公民课程标准》、1940 年《修正初级中学公民课程标准》、1941 年《六年制中学公民课程标准草案》、1948 年《修订初级中学公民课程标准》)

② 舒新城. 中国近代教育史资料(中)[M]. 北京:人民教育出版社,1961:502.

二、新中国德育学科课程发展概述及客观评析

(一) 中华人民共和国德育学科课程发展概述①

中华人民共和国成立以后，在各中学普遍设置了德育课程。在中学开设以马克思主义为指导思想的德育学科课程，既借鉴了新民主主义革命时期开设德育课的基本经验，又借鉴了当时苏联开设德育课的经验，同时还对旧中国的学校课程体系进行了改造，从而开始建立新的课程体系。

中华人民共和国的德育学科课程设置，经过了不断丰富、完善和发展的过程。其经历大致分为以下几个阶段。

1. 社会主义改造时期的德育学科课程（1949年至1956年）

这一时期，1950年教育部颁布了暂行的教学计划，指导思想是在中学各年级仍然开设思想政治课②，切实加强对学生的思想政治教育，而其他学科也要渗透对学生进行思想政治教育的旨趣。但到了1956年，由于受苏联的影响，各年级都停开了思想政治课程。

2. 全面建设社会主义时期的德育学科课程（1957年至1966年）

这个时期德育学科课程的开展紧随政治形势的特征比较突出。国家领导人意识到德育学科课程的停止开设对国家思想政治工作的正常开展和学生政治思想觉悟的不断提升都会产生不利的影响。于是，1957年8月教育部在毛泽东的指示下宣布全国恢复学校的德育学科课程，并将课程名称统一称为《政治》。德育学科课程得到恢复以后，教育部规定初一、初二开设《青年修养》课，初三开设

---

① 从中华人民共和国成立到1982年，小学阶段并没有开设专门的德育学科课程，只是开设了一些思想政治常识类的课。中学阶段的德育学科课程虽然名称在不断地变化，但确实作为一门专门的课程对学生进行道德教育。详见课程教材研究所. 20世纪中国中小学课程标准·教学大纲汇编（思想政治卷）[M]. 北京：人民教育出版社，2001.

② 开设的课程主要有《青年修养》《中国革命和中国共产党》《社会发展史》《政治常识》等。

《政治常识》课,高一、高二开设《社会科学常识》课,高三开设《社会主义建设常识》课。主要是对学生进行道德教育、政治教育、社会主义思想教育。1958年将德育学科课程以《社会主义教育》课命名。1961年教育部对各年级所开设的课程又进行了相应的调整。1964年教育部组织编写了全国统一试用的德育学科课程教材。

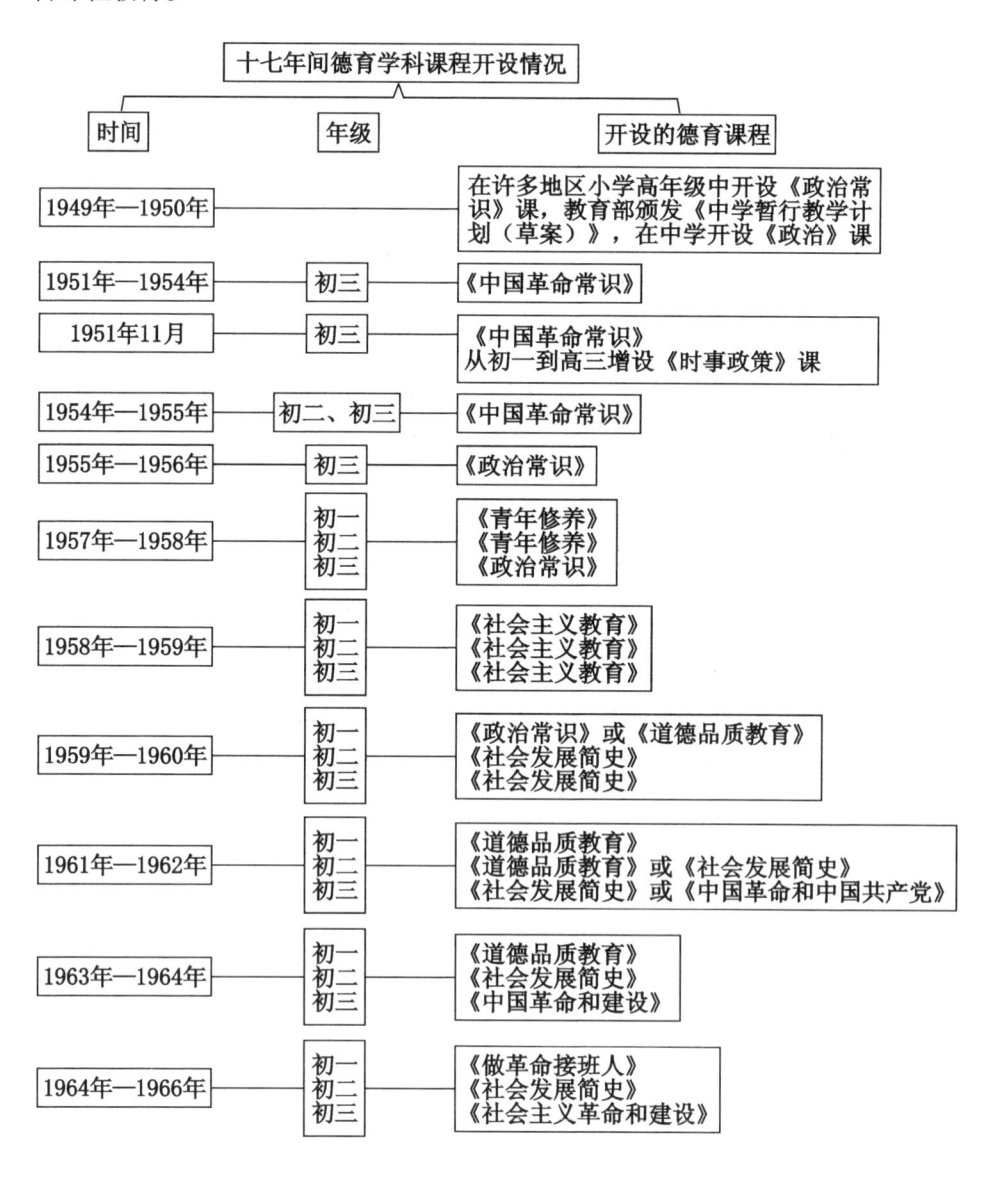

十七年间德育学科课程开设情况

时间	年级	开设的德育课程
1949年—1950年		在许多地区小学高年级中开设《政治常识》课,教育部颁发《中学暂行教学计划(草案)》,在中学开设《政治》课
1951年—1954年	初三	《中国革命常识》
1951年11月	初三	《中国革命常识》 从初一到高三增设《时事政策》课
1954年—1955年	初二、初三	《中国革命常识》
1955年—1956年	初三	《政治常识》
1957年—1958年	初一 初二 初三	《青年修养》 《青年修养》 《政治常识》
1958年—1959年	初一 初二 初三	《社会主义教育》 《社会主义教育》 《社会主义教育》
1959年—1960年	初一 初二 初三	《政治常识》或《道德品质教育》 《社会发展简史》 《社会发展简史》
1961年—1962年	初一 初二 初三	《道德品质教育》 《道德品质教育》或《社会发展简史》 《社会发展简史》或《中国革命和中国共产党》
1963年—1964年	初一 初二 初三	《道德品质教育》 《社会发展简史》 《中国革命和建设》
1964年—1966年	初一 初二 初三	《做革命接班人》 《社会发展简史》 《社会主义革命和建设》

3. "文化大革命"时期的德育学科课程（1966年至1976年）

"文化大革命"的十年是社会动乱的十年，在此期间德育学科课程被当作政治运动的工具而遭受着无情的打击和破坏。学校各年级不再设置固定的德育学科课程，教学也没有特定的教材作为依据，主要以各种政治文件、革命著作、毛主席语录等作为课程内容。在社会动荡不安、政治激进情绪泛滥的这十年，虽然有些地方尝试着组织编写过一些德育学科课程的教材，可囿于社会形势的原因而没能在教学中被正常应用，这时的所谓德育学科课程只是政治运动课程。

4. 拨乱反正以后的德育学科课程（1977年至2003年）

"文化大革命"结束后，德育学科课程开始重建。1978年教育部确定小学开设《思想品德》，初一年级开设《社会发展简史》，初二开设《社会发展简史》，初三年级开设《科学社会主义常识》，高一开设《政治经济学常识》，高二开设《辩证唯物主义常识》。在1980年教育部又做了调整，部分地区执行的是初一开设《青年修养》课，初二开设《政治常识》课，初三开设《社会发展史》课，高中开设的课程不变。1982年，教育部颁布了各学科的教学大纲，自此，德育学科课程开始走上规范化。

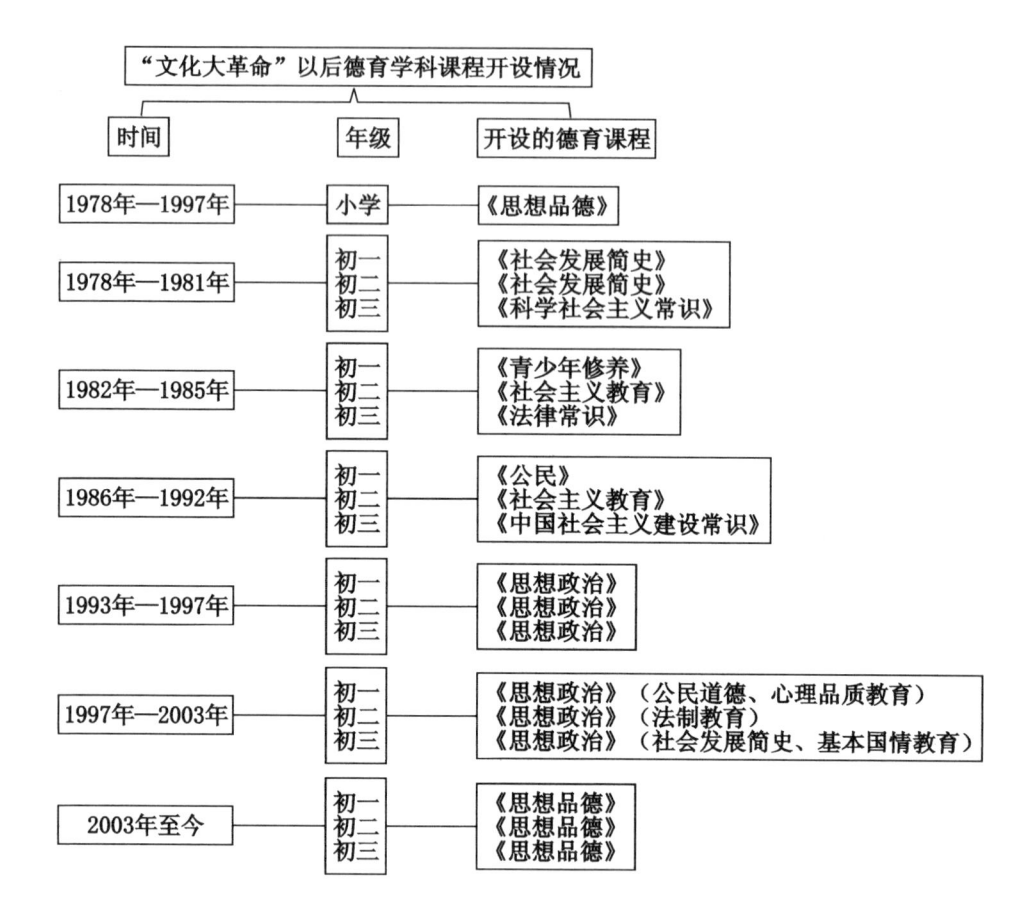

"文化大革命"以后德育学科课程开设情况

时间	年级	开设的德育课程
1978年—1997年	小学	《思想品德》
1978年—1981年	初一 初二 初三	《社会发展简史》 《社会发展简史》 《科学社会主义常识》
1982年—1985年	初一 初二 初三	《青少年修养》 《社会主义教育》 《法律常识》
1986年—1992年	初一 初二 初三	《公民》 《社会主义教育》 《中国社会主义建设常识》
1993年—1997年	初一 初二 初三	《思想政治》 《思想政治》 《思想政治》
1997年—2003年	初一 初二 初三	《思想政治》（公民道德、心理品质教育） 《思想政治》（法制教育） 《思想政治》（社会发展简史、基本国情教育）
2003年至今	初一 初二 初三	《思想品德》 《思想品德》 《思想品德》

但从1985年开始，随着形势的发展，原有的教学内容和教学方法已不适应改革开放的需要，因此，德育学科课程迎来了重大的改革时期。1985年8月中共中央发布了《关于改革学校思想品德和政治理论课程教学的通知》，次年原国家教委又公布了改革实验教学大纲即《中学思想政治课改革实验教学大纲》（初稿），开始对德育学科课程在课程设置、教材内容和教学方法等方面进行全面改革，规定初一开设《公民》课，初二开设《社会发展简史》课，初三开设《中国社会主义建设常识》课，高一开设《共产主义人生观》（后改为《科学人生观》），高二开设《经济常识》，高三开设《政治常识》。1992年，原国家教委决定从1992年起，各年级新教材不再单列课名，而统称为《思想政治》。2003

年，教育部又提出了新课程改革方案，即第八次课程改革，中学德育学科课程名称也由《思想政治》易名为《思想品德》，以学生的生活为依托，突出了课程设置的德育意义。

(二) 课程设置的客观评析

中华人民共和国成立后的德育学科课程除了在"文化大革命"时期有短暂的停开外，一直是学校课程体系当中的常设课程，历经风雨、几经更迭，不论是课程名称还是教材的编写都有了很大的变化。从上面对中华人民共和国成立后德育学科课程开设情况的简单梳理中我们可以看出，"文化大革命"前十七年的德育学科课程名称多种多样、变化频繁，开设内容的政治化倾向比较显著，围绕着革命传统教育来进行。而"文化大革命"后的德育学科课程较之以前在形式和内容上都有了明显的不同，课程所渗透出的"政治味儿"逐渐减弱，德育学科课程出现了综合化的趋势。就像1992年开始将初中德育学科课程的名称统一为"思想政治"，到了2003年又改名为"思想品德"，反映了德育学科课程不再按照不同的年级进行不同专题的讲授，而是将与道德教育有关的各种内容和各种要素都综合在一门课程中对学生进行教育。

1. 知识本位与回归生活

中华人民共和国成立后到新课程改革前的德育学科课程是以学生的知识与技能的获得为主要目标的，以1959年教育部颁布的《中等学校政治课教学大纲（试行草案）》及1997年国家教委颁发的《九年义务教育小学思想品德课和初中思想政治课课程标准（试行）》为例①，在这两个不同时期的教学大纲或课程标准的表述中我们可以提取出这样的关键词：常识，课程实施的主要目标就是让学生掌握常识。那么，在这种知识本位理念的指导下，教师的任务就是将教材上的既定知识传授给学生，传授的好坏成为衡量教师工作成绩的主要标准。而学生的主要任务就是接受知识，成绩的好坏成为衡量学生优劣的唯一标准。这样，学

---

① 课程教材研究所. 20世纪中国中小学课程标准·教学大纲汇编（思想政治卷）[M]. 北京：人民教育出版社，2001.

生的思想品德能否得到全面的发展在教师那里已经不是他们关心的问题了，学生的道德生活和人格养成被忽视，致使德育学科课程的教学难以促使学生获得情感、品行、人格等方面的道德成长与提升，而仅仅单纯地为学生政治思想觉悟的形成提供了基础性的道德知识常识而已。为了革除我国德育学科课程中存在的弊端，提高课程的吸引力、感染力和实效性，2003年5月教育部颁发了全日制义务教育《思想品德课程标准（实验稿）》，对德育学科课程的目标及任务做了新的审视，"生活"一词进入了学校道德教育的场域。于是，德育学科课程开始将生活作为课程的基础和追求，从而实现了从知识本位向生活本位的转变。

1959年《中等学校政治课教学大纲（试行草案）》	中等学校政治课的任务，是以共产主义道德和社会发展常识、政治常识、经济常识、辩证唯物主义常识、党的方针政策等内容教育学生，培养学生共产主义品质、工人阶级观点、群众观点和集体观点、劳动观点即脑力劳动和体力劳动相结合的观点、辩证唯物主义观点，提高学生的政治思想觉悟，清除资产阶级思想的影响，发展独立思考、明辨的能力，并为进一步学习马克思、列宁主义打下初步基础。
1997年《九年义务教育小学思想品德课程和初中思想政治课课程标准（试行）》	初中思想政治课是对学生系统进行公民的品德教育和初步的马克思主义常识以及有关社会科学常识教育的必修课程。

（续表）

2003年《思想品德课程标准（实验稿）》	人的思想品德是通过对生活的认识和实践逐步形成的。初中生生活范围逐渐扩展，需要处理的各种关系日益增多。本课程正是在学生逐步扩展的生活经验的基础上，为他们正确认识自我，处理好与他人、与国家和社会的关系，思想品德获得健康发展，提供必要的帮助。 　　本课程的任务是引领学生感悟人生的意义，逐步形成正确的世界观、人生观、价值观和基本的善恶、是非观念，学做负责任的公民，过积极健康的生活。

2. 政治化倾向与德育性质

中华人民共和国成立后，人们对德育学科课程的认识大致经历这样几个阶段：政治课—学科课程—德育课程。而课程所包含的内容有新课程改革前的政治教育、思想教育、道德教育等和新课程改革后的集道德、心理健康、法律和国情于一体的整合内容。中华人民共和国成立之初，我国就在初中阶段设置了政治课，虽然不同时期的课程名称有所不同，但道德教育政治化的色彩很浓，教学紧跟政治形势的变化而变化，以政治运动为中心，教学内容多是政治性的文件或领导人的语录，对青少年进行政治和思想教育，教学目标就是要培养政治素质过硬的人才。改革开放后，初中的德育学科课程在社会物质文明与精神文明不断提高的氛围下逐渐建构起以公民素质教育为主要内容的课程体系。在这期间，学科课程倾向比较明显，传授知识成为课程的主要追求。学科化可以让知识点比较集中地呈现，便于教师的知识传授，也有利于学生较为集中地获得系统化的知识。但德育学科课程的教育内容应该是综合性的，是科学与生活的整合，把德育内容知识化、学科化的结果就是在教学实践中让课程的实施相距道德教育的基本内涵越来越远。新课程改革以后的德育学科课程，强调了课程的德育性质，课程的重点放在"德"上，以"德"为美，以"德"感人，以"德"育人。课程名称也由《思想政治》课易名为《思想品德》课，表明了课程设置的德育意义。教学内容也从学生主体出发，提供了适合学生思想品德健康成长的内容，删减了原来初中阶段学习的《社会发展简史》的内容，依据学生的生理和心理发展的实际，以初中生自己为主线，将道德教育、心理健康教育、国情教育与法律常识教育等内容有机地整合，帮助学生建立起与自己、周围他者、集体与国家的由小及大且不同层次生活的联系，既体现了学生思想道德学习的阶段性，又体现了发展性。

比较中华人民共和国成立前后的德育学科课程的设置情况，可以看出，无论是课程名称、课程任务、培养目标方面，抑或是课程内容方面都是全新的。这种变化是整个社会变迁的结果，同时也映射出人们对待德育的价值观念的改变。这种变迁让我们已经找寻不到修身课程留下的影子，也看不出公民教育遗留下来的痕迹。

第三节 德育学科课程标准的变迁

每一门课程都会有一个核心或者说是一种灵魂支撑着它的构架，这个内核就是课程理念，课程编制者们就是基于对课程理念的正确认识和深入思考才能更好地完成对课程的目标、内容、实施、评价等方面的设计。课程理念可能以外显的形式存在，或者是隐含在课程中，抑或是课程编制者自身还没有察觉，但却通过课程标准或教材等其他形式表现出来。因此，如果指导课程的理念发生了改变，课程涉及的各个领域必将有明显的体现。

课程专家古德莱特将课程分为五种不同的类型，分别是：理想的课程、正式的课程、领悟的课程、运作的课程和经验的课程。[①] 我国学校现行的课程大多属于正式的课程，也就是在学校的课程系统中的有明确的课程计划、有国家教育主管部门颁布的统一的课程标准、有固定的教学用书的课程。如此看来，课程标准

---

① 施良方. 课程理论——课程的基础、原理与问题 [M]. 北京：教育科学出版社，2003.

是正式课程的组成部分,它是由国家的教育行政主管部门以纲领性文件的形式颁布的,规定了课程的性质及内容、学生通过对课程的学习所应达到的最基本标准等。它为课程教材以及教辅材料的编写提供了依据,同时也是评价教师工作的标准尺度。因此,课程标准对教师的教学、对课程的评价、对教材的编写等都具有重要的指导意义。在基础教育课程改革提出由国家、地方、学校共同管理课程的"三级"课程管理制度以前,我国一直实行的是中央统一管理课程的制度,因此,"一标一本"的形式在我国的课程发展历史中一直被延续多年。课程改革到今天发展为"一标多本",足以证明这"一标"在我国课程发展历史中的重要性,它的每一次变化所引起的课程目标、课程设置、教学内容及要点等一系列的连锁反应是不言自明的。在我国,不同时期的课程标准作为构成课程的存在物之一,可以反映德育课程理念在不同时期的发展变化。对其进行解读,可以剥离出映射在德育学科课程上面的德育观念的变迁。

需要说明的是,我国早在民国初期政府颁布的《中小学暂行课程标准》中就使用了"课程标准"一词。而后来为了契合"苏式"的教育模式,一切向苏联学习,将"课程标准"改为"教学大纲",直到1996年又重新改回"课程标准"。为了保持文章表述的一致性,笔者将不同时期的教学大纲、课程标准均统一称为"课程标准",保证了概念指向的一致。

由于不同的历史时期对德育学科课程的设置、实施等方面出台的标准及规定颇多,所以笔者重点搜集了中华人民共和国成立后,各阶段的中小学的课程标准(具体内容见下图),并且主要对小学阶段的课程目标及教学内容和基本要求进行了比较分析。一方面因为课程标准中课程目标及教学内容和基本要求如果发生变化,说明指导它们的理念必然发生了改变。另一方面则因任何一种理念在年龄较小的群体中产生作用的可能性最大,而且一旦被内化将产生持续的影响。故选取了小学阶段的课程标准进行研究,以期抽穗出观念嬗变的轨迹。

中华人民共和国成立后各阶段的课程标准
┌ 小学阶段：1982年的《全日制五年制小学思想品德教学大纲（试行草案）》、1986年的《全日制小学思想品德课教学大纲》、1990年的《九年义务教育全日制小学思想品德课教学大纲（初审稿）》、1992年的《九年义务教育全日制小学思想品德课教学大纲（试用）》、1997年的《九年义务教育小学思想品德课和初中思想政治课课程标准（试行）》、新课程改革后分为低年级段的《品德与生活》及高年级段的《品德与社会》。

├ 初中阶段：1982年的《初级中学青少年修养教学大纲（试行草案）》《初级中学社会发展简史科学大纲（试行草案）》；1988年的《初级中学〈公民〉改革实验教学大纲》《初级中学〈社会发展简史〉改革实验教学大纲》《初级中学〈中国社会主义建设常识〉建设实验教学大纲》；1993年的《九年义务教育全日制初级中学思想政治课教学大纲（试用）》；1997年的《九年义务教育小学思想品德课和初中思想政治课课程标准（试行）》；2004年的《全日制义务教育思想品德课程标准（实验稿）》；2011年的《全日制义务教育思想品德课程标准（试用稿）》。

└ 高中阶段：1982年的《高级中学政治经济学常识大纲（试行草案）》《高级中学辩证唯物主义常识教学大纲（试行草案）》；1988年的《高级中学〈科学人生观〉改革实验教学大纲》《高级中学〈经济常识〉改革实验教学大纲》《高级中学〈政治常识〉改革实验教学大纲》；1993年的《高级中学思想政治课教学大纲（试用）》；2003年的《普通高中思想品德课程标准（实验稿）》；2011年的《普通高中思想品德课程标准（试用稿）》。

一、课程目标的变迁

（一）不同阶段课程目标的表述

下面图表中画横线的部分是不同时期的课程目标的表述中相对一致的内容，通过对这些内容的分析可以看出不同时期社会对人才的素质及道德情感等方面的不同要求。

其一，对人才的素质要求："四有新人"。

从 1980 年到 1990 年的课程目标中都提到了要培养"四有"的劳动者和接班人，这是在特定的历史背景下提出来的。十年的"文化大革命"使我国的教育事业遭受了毁灭性的破坏，学校的德育学科课程也在厄运中受到重创。正是在"文化大革命"结束后，各方面都在拨乱反正的这样一个历史时期，邓小平提出要培养"四有新人"，重建社会主义精神文明。在当时，这样的人才培养目标有很强的历史针对性，将其写入课程目标中，反映了国家领导者的思想对教育领域起到的导向作用，同时也反映了当时国家对人才素质方面的基本要求。可以说，培养"四有新人"是当时教育的总目标。学校的德育学科课程没有结合课程实际而原封不动地将其写入课程目标中，必然造成课程目标大而空，缺少具体的目标指导，操作起来比较困难。

其二，对人才道德情感的要求："五爱"。

1980 年、1990 年、1992 年及 1997 年的课程目标中均有"培养学生爱祖国、爱人民、爱劳动、爱科学、爱社会主义的思想情感"的表述。足见对"五爱"情感的培养在我国学校德育学科课程中的重要地位。"五爱"中的爱祖国指的是社会主义祖国；爱人民在当时的历史条件下具体指称的是无产阶级阵营内部的人；爱社会主义主要指的是要有社会主义政治素养。这些内容强劲地概括了当时德育学科课程对学生道德情感培养的目标所在。但"五爱"的内容标准很高，试想对于生理年龄和心理年龄尚未充分发展的小学生而言，"祖国""社会主义"这些带有强烈政治色彩的抽象词汇他们尚不能完全理解，又何谈对其"热爱"呢？难道他们在没有亲身经历或体验过，没有外部的强烈刺激的情况下，就可以对"祖国"、对"人民"产生稳定的情感进而形成自身的道德信念吗？由此可以想象，当时的课程目标若想对课程的实施进行具体指导有多困难。从另外的一个角度也验证了德育学科课程实效性不高的事实。

	年份	具体表述
不同阶段课程目标的具体表述	1982年	《全日制五年制小学思想品德课教学大纲（试行草案）》：思想品德课是建设社会主义精神文明，全面贯彻党的教育方针，用共产主义思想向小学生进行思想品德教育的一门重要课程。它的教学目的是使小学生初步具有共产主义道德品质和良好的行为习惯，<u>立志做有理想、有道德、有文化、守纪律的劳动者，为把他们培养成为共产主义事业的接班人打下思想基础。</u>
	1986年	《全日制小学思想品德课教学大纲》：通过以"五爱"和"五讲四美"为中心的社会公德教育和社会常识教育（包括必要的生活常识、浅显的政治常识及同小学生生活有关的法律常识），从小培养学生社会主义国家公民应有的良好的思想品德和行为习惯。<u>为使他们成为有理想、有道德、有文化、有纪律的社会主义建设的各类人才打下初步的思想基础。</u>
	1990年	《九年义务教育全日制小学思想品德课教学大纲（初审稿）》：<u>教育学生爱祖国、爱人民、爱劳动、爱科学、爱社会主义</u>；遵守社会公德；培养学生良好的意志、品格和辨别是非的初步能力，<u>为使他们成为有理想、有道德、有文化、有纪律的社会主义事业的建设者和接班人打下初步的良好的思想品德基础。</u>
	1992年	《九年义务教育全日制小学思想品德课教学大纲（试用）》：<u>教育学生初步具有爱祖国、爱人民、爱劳动、爱科学、爱社会主义的思想感情；</u>初步养成关心他人、关心集体、认真负责、诚实、勇敢、勤劳、节俭等品德和文明礼貌、遵守纪律等行为习惯；初步具有辨别是非的能力，<u>为培养社会主义现代化建设的各级各类人才和各行各业的劳动者奠定初步的良好的思想品德基础。</u>
	1997年	《九年义务教育小学思想品德课和初中思想政治课课程标准（试行）》：小学思想品德课和初中思想政治课的教学，以马列主义、毛泽东思想和邓小平建设有中国特色社会主义思想为指导，生动具体地对学生进行个人生活、家庭生活、学校生活、社会公共生活、国家民族生活中的基本道德规范教育，<u>逐步培养学生爱祖国、爱人民、爱劳动、爱科学、爱社会主义的思想情感，</u>文明礼貌、遵纪守法的行为习惯。
	2011年	小学《品德与社会》课程标准：促进学生良好品德形成和社会性发展，为学生认识社会、参与社会、适应社会，成为具有爱心、责任心、良好的行为习惯和个性品质的社会主义合格公民奠定基础。 《品德与生活》课程标准：培养具有良好品德和行为习惯、乐于探究、热爱生活的儿童。

（二）课程目标所映射的德育理念

除了"四有""五爱"这些相对稳定的目标外，在不同时期的课程目标的表述中还可以看到德育理念在变化的影子。

其一，从"社会主义事业接班人"[①] 到"有社会责任感的公民"。

"接班人""建设者"这类词语在课程目标中的出现与当时的特定时代有着紧密的联系。1957 年前后，毛泽东为了防止资本主义国家对我国的和平演变，提出阶级斗争是长期的、曲折的，无产阶级要培养革命事业的接班人。当时，这种思想成了指导整个教育领域工作的指挥棒。将其写入课程目标也凸显了学校德育学科课程所带有的明显政治意味。而从 1997 年开始直至以后的各阶段的课程标准中，都没有再出现"社会主义事业接班人"这样的表述，取而代之的是"成为有责任心的社会主义合格公民"。这种表述上的变化与不同时期的德育理念息息相关，从"社会主义事业接班人"走向"有社会责任感的公民"，昭示了学校德育学科课程政治性气息在逐渐减弱的不争趋势。

其二，从"高尚"到"合格"。

按照时间的顺序纵向观察德育学科课程的课程目标可以发现，对人才培养的目标定位从"高尚"软着陆到"合格"，而且针对人才的要求越来越具体，这样便减少了高定位带来的德育学科课程现实实效性不高的情况，对实践指导的可操作性加强。逐渐"亲民"的课程目标更加贴近学生的现实生活，从"爱祖国"到"爱生活"，从"五爱情感"到"有爱心、有责任心"。课程目标的定位表面看似在降低，实则却考量了人们在道德生活中对初始道德的诉求。德育本就该是培养大量的道德"凡人"，而非少量的道德"精英"。正如哈耶克所言："通常情况是，我们并不奢望人们能够获致最高限度的品行，而是希望他们能够以最小的痛苦和最少的牺牲，在最低限度的品行的基础上去实现最大限度的效用。不仅我们试图对所有的品行都给出公平的回报是不可能的，而且即使是把获致最高限度

[①] 现在仍然要培养"社会主义事业接班人"，但较之以前的侧重点不同，政治意蕴减弱而更多地关注学生能力、情感态度价值观方面的形成和提升。

的品行作为人们应当实现的主要目的也是不可欲的。"①

二、教学内容和基本要求的变迁

新课程改革以前，我国一直采用的是中央集权的课程管理制度。政府的教育主管部门对每门课程的目标、内容、要求等都做了详细而统一的规定，以此作为学校课程运行时的标准和规范。这种由中央"过分"集权的课程管理制度在一定程度上导致了学校课程要反映国家上层建筑层面的意识形态。从课程标准对课程教学内容和基本要求的规定中可以看到，在不同的时期，有一些道德被强调，有一些道德被忽略。而在强调与忽略的变换中，窥见了理念的变迁。

（一）课程标准中教学内容和基本要求的表述

课程标准中对教学内容和基本要求的规定是对如何实现课程目标而提出的具体要求。笔者无意简单地罗列这些具体内容和要求，而是通过对这些具体内容和要求的分析，抽穗出支撑我国学校德育的核心理念，以期在"不变"与"变化"之中把握那些"稳定"与"发展"的元素。（课程标准中对教学内容及基本要求的具体表述见下图，横线部分为新增内容）

小学历次课程标准中教学内容和基本要求归类一览表

时间	对个人	对社会	对国家
1982年	勤奋专心、诚实谦虚、勇敢活泼、艰苦朴素	热爱人民、热爱中国共产党、热爱劳动、热爱科学、热爱社会主义、热爱集体、爱护公共财物、遵守纪律、文明礼貌	热爱祖国

---

① 哈耶克. 自由秩序原理（上）[M]. 邓正来，译. 北京：三联书店，1997：116.

（续表）

1986 年	努力学习、热爱劳动、艰苦奋斗的教育；良好的意志、品格的教育	集体主义教育；文明礼貌的教育；<u>社会主义民主和法制观念</u>的启蒙教育	爱国主义教育和<u>共产主义理想</u>的启蒙教育
1990 年	努力学习、热爱科学的教育；热爱劳动、艰苦奋斗的教育；良好的意志、品格教育	热爱中国共产党的教育；热爱人民的教育；热爱集体的教育；文明礼貌教育；社会主义民主和法制观念的启蒙教育、<u>辩证唯物主义观点的启蒙教育</u>	<u>热爱祖国的教育</u>
1992 年	努力学习、热爱科学的教育；热爱劳动、艰苦奋斗的教育；良好品格的教育	热爱中国共产党的教育；热爱人民的教育；热爱集体的教育；文明礼貌、遵纪守法教育；辩证唯物主义观点的启蒙教育	热爱祖国的教育
1997 年	好好学习；勤劳节俭；<u>诚实勇敢</u>；<u>热爱生命</u>；热爱学科；诚实守信；<u>勇敢坚毅</u>；<u>自尊自爱</u>；个人生活中的道德规范	团结友爱；文明礼貌；<u>遵守纪律</u>；遵守公德；关心集体；<u>学校生活中的道德规范</u>；<u>公共生活中的道德规范</u>	热爱祖国、国家和民族生活中的<u>道德规范</u>

初中一年级的教学内容和基本要求一览表

1959年	为什么学习、勤俭朴素、诚实正直、机智勇敢、不怕困难、坚持真理	团结友爱、尊敬师长、不说谎话、热爱科学、热爱集体和纪律、热爱劳动、爱护公共财物、不损人利己、不自私自利；向革命导师学习，向人民领袖学习	热爱祖国、热爱人民
1982年	诚实谦虚、艰苦朴素、锻炼意志、明是非、辨美丑、培养正当的爱好和志趣、活泼乐观	热爱劳动、热爱集体、热爱科学、尊敬师长、树立崇高理想、发扬革命英雄主义、让青春闪闪发光、遵守社会公德	热爱祖国、热爱人民、热爱中国共产党
1986年	培养良好的个人品德；培养审美情趣；珍惜时间的观念	集体主义观点；热爱科学；自觉纪律观念；劳动观点；社会主义社会人与人的新型关系；民主观念；树立法制观念；初步掌握一些法律知识；抵制不良影响，预防违法、犯罪，学会运用法律武器和违法、犯罪行为做斗争	祖国和人民的利益高于一切的观念

（续表）

1993年	培养劳动习惯，珍惜劳动成果；艰苦奋斗、勤奋学习、尊重科学、反对迷信，<u>顽强拼搏</u>	尊重他人；尊敬师长；发扬集体主义精神：人人成长离不开集体；建设良好的班集体；发扬集体主义，反对个人主义；公民要自觉遵守纪律：社会生活要有纪律；遵守纪律是每个公民应尽的义务；提高认识，自觉遵守纪律；热爱劳动，艰苦奋斗；热爱科学、四化建设需要科学文化知识：努力学习科学文化知识；认真学习社会主义法律知识：社会生活离不开法律；学法才能更好地守法、护法是公民责任：公民要自觉守法；制止违法犯罪；<u>受教育是公民的权利和义务</u>；培养为人民服务的思想：人民是国家的主人；<u>爱人民是我国的社会公德；做一个忠于人民的人</u>	祖国利益高于一切：个人前途和国家命运紧密相连，<u>个人利益必须服从国家利益</u>；热爱社会主义祖国：祖国的命运和前途同社会主义紧密相连；<u>公民要树立民族自豪感、自尊心、自信心</u>；<u>维护祖国的统一、尊严和荣誉是公民的义务</u>；<u>奋发进取，为国争光</u>；国家富强、人民富裕要靠辛勤劳动

（续表）

1997年	磨砺坚强意志：能够承受挫折；勇于开拓进取；增强自尊自信；<u>正确看待自己</u>；<u>锻炼心理品质</u>；<u>善于调节情绪</u>；<u>塑造良好性格</u>；寻求真挚友情；<u>陶冶高雅情趣</u>；<u>增强自律能力</u>	法律是一种特殊的行为准则；依法保障社会主义经济建设；依法保障、促进社会主义精神文明建设；依法制裁违法犯罪；公民有受教育的权利和义务；公民要依法与违法犯罪做斗争，维护自己的合法权益；正确行使公民权利，自觉履行公民义务、<u>依法保护青少年健康成长</u>；<u>依法维护社会公共生活</u>；<u>我国宪法是治国安邦的总章程</u>；<u>公民的人身权利受法律保护</u>；<u>公民在经济生活中的权利和义务</u>；<u>公民在政治生活中享有重要权利</u>	<u>依法保护人类共有的家园</u>

（二）教学内容和基本要求所映射的德育理念

通过表中对德育学科课程的教学内容和基本要求在不同时期的表述对比分析可知，那些"不变"与"变化"的内容，"稳定"与"发展"的要求都是德育理念指导学校德育学科课程的具体呈现，这些具体呈现向人们展现了德育理念的基本走向。

其一，从强调群体转向观照个体。

从上面教学内容和基本要求的表述中可以直观地发现，"祖国""集体""人民"这三个词语出现的频率极高，几乎每一阶段的课程标准中都有关于它们的具体内容和要求的表述，而且在这三者前面冠以一致的动词"热爱"。要求学生热爱祖国、热爱集体、热爱人民，并将其作为自身道德生活的重要部分去践行。当个人生活背离了集体生活或个人利益阻碍了国家利益之时，个人的诉求就要被无条件地叫停，而转向服务于集体的、国家的利益。这在客观事实上反映了个人价值低于集体价值的价值判断，认为个人的圆满只能是在集体利益的获得中才可能得以实现，这是典型的集体主义的价值观念。直到 1997 年，强调个人对集体单向服从的情况才有所改观。1997 年开始执行的课程标准中，涉及个人权利的内容开始增多。新课程改革以后，更是高调地宣扬"个体"，强调个体的全面发展，德育的价值取向逐渐从强调全体转到了观照个体。

越早的课程标准中对个体在集体与国家面前提出的道德要求越高，旨在培养服从和遵守当时的社会制度、符合当时社会规范的"顺民"。这种价值观念与我国传统的"家、国、天下"的道德理念一脉相承。以无私为"人民"的标准促成了全社会的道德趋同，个体的道德自主与道德自由被严重抑制。随着社会的发展和进步，尤其是教育领域中素质教育的口号响彻耳畔，"一切为了学生、为了一切学生、为了学生的一切"的核心理念在学校德育学科课程的课程标准中也有了充分的体现。特别是在《品德与生活》《品德与社会》课程标准的表述中，结合小学生心理年龄和生理年龄的实际，提出"养成良好的生活和劳动习惯""愉快积极地生活"等内容和要求。由此可见，课程标准对学生崇高道德理想的规定少了，而对学生作为独立主体人格方面的观照多了；少了政治色彩而增添了人情味；理想的规定在减弱而现实的规则却在加强。

其二，从关注外部道德转向关注主体生活。

随着时代的变迁，针对个体生活领域的内容和要求大大增多，这方面从前面的图表中可以得到确切地印证。1997 年以前的课程标准中教学内容及基本要求的内涵大多集中在政治教育、思想教育方面。自 1997 年开始，教学内容及基本要求的内涵更多地关注了个体的精神生活和心理健康，德育的目标从关注外部道德转而着眼个体的道德生活。基础教育课程改革后，这种理念被更深层次地加以理解并运用，以《品德与社会》为例，其将学生的日常生活作为主线，逐步扩展到社会生活、国家生活和世界生活的各个方面，旨在教会学生如何适应不同的生活，如何过积极、健康的生活。实现了教学内容和基本要求由关注外部崇高道德向关注内部主体生活的转向。之前的教学内容和基本要求过多强调的是对学生思想性方面的教育，要求学生要树立远大的理想、报国的志向，而时代的变迁让其将目光转移到学生的身心健康发展上，这种理念的转变暗示了人们价值选择取向上的变化。学校的德育学科课程的实效性与学生主体的生活经历和情感体悟有直接的联系，如果教学内容和基本要求与学生自身的生活经验和体悟没有碰撞点，那么学生只能作为道德教育中的旁观者而无法根据认知矛盾去调控自身的道德行为。因此，这种由外向内的转向，由单向的外部道德转为主体的道德生活，为我国道德教育的可持续发展提供了理念上的支持。

第四节 德育学科课程教科书的变迁

自班级授课制以来，教科书就伴随着课堂教学在学校教育中发挥着重要的作用。课程的每一次变革和发展，都可以通过教科书形式与内容上的变化反映出来。《中国大百科全书》教育卷中对教科书有这样的定义："教科书亦称课本，是根据教学大纲（或课程标准）编订的系统地反映学科内容的教学用书。教科书是教学内容的主要依据，是实现一定教育目的的重要工具，是师生教与学的主要材料，也是考核教学成绩的主要标准。"解读这一定义可知，教科书是一种"工具"，这一"工具"能够反映学科的教学内容，它是教师的教与学生的学的文本材料，教学主体通过对文本材料的有效把握去实现教育目的。由此可见，在长期的历史发展中，教科书得到越来越广泛的应用与其在学校教育中具有的重要地位和扮演的重要角色是密不可分的。因此，对教科书这种课程内容的具体文本的存在形式进行研究，必将可以从另外的视角对德育学科课程及规范其运行的德育观进行新的审视。

如果说课程标准的内容反映了课程编制者对理想课程的一种预设和国家主流的价值取向，那么教科书就是将理想预设和价值取向具体化了的文本材料。在教学实践中，通过对教科书的使用，将主流价值观念传递给学生，使课程终将从理想变为现实。所以，能够进入教科书中的内容不是一般的内容，它们是经过严格的价值标准筛选后的精华。鉴于学校课程空间的有限性，只有那些能正确反映统治阶级的价值取向、表明统治集团心声的内容才被认定为适合的内容而被安排在教科书中。这就不难理解为什么一本教科书从编写到出版要历经种种严格的程序，为什么一旦对教科书进行修订，就会引起诸多社会层面的连锁反应。终究因为它承载着太多"上层"意愿，在它身上体现出的价值绝不仅仅是一份没有生命的文本材料。

一、教科书编排逻辑的探析

教科书是课程标准具体内容的文本性呈现，虽然在实际内容上或与课程标准有所不同，但主体方向都会按照标准设计的轨迹行进。在此基础上，教科书的编写者（教学论专家、课程论专家、优秀的一线教师）会综合学科特点、学生发展规律、社会发展要求等因素，精心勾画一条逻辑链，选取既科学、合理又体现课程标准具体要求的内容安排、镶嵌在逻辑链上。所以，教科书必定体现着某种编排逻辑。因此，对德育学科课程教科书的编排逻辑进行探析，是否可以厘清不同历史时期我国在课程观、学生观、人才观等方面的具体差异？我们在研究中得到了"肯定"的答案。

古今中外的道德教育都是从两个维度延伸开来的：一个是"道德的本质是什么"，这个维度关注的是"是什么"的问题；而另一个是"如何使人成为有道德的人"，这个维度关注的是"怎么做"的问题。德育学科课程的运行也必将循着这样的维度展开。分析不同时期教科书中呈现出的编排逻辑的差异可知晓影响并决定着人们道德思维与道德生活的德育观的变化轨迹，于是如前者分析课程标准一般，笔者将一定时期不同阶段的教科书中均出现过的某些主题作为研究的对象，以探析德育学科课程教科书的编排逻辑，进而透视深谙其中的德育观念。

（一）两个主题在不同时期教科书中的具体呈现[①]

"热爱人民"主题的编排逻辑

1981 年 《青少年修养》	**为什么** 　　人民是社会主义事业的决定力量：人民是建设社会主义的力量源泉；人民是战胜国内外敌人的主要力量；人民的批评、监督和帮助是党、政府、干部做好工作和少犯错误的基本保证。 **怎么办** 　　树立为人民服务的思想：从小培养，从小事做起；刻苦学好科学文化知识，完成党和人民交给我们的学习任务。
1988 年 《公民》	**为什么** 　　人民可敬可爱：青少年健康成长靠人民精心养育；人民是社会主义现代化建设的力量源泉。 **怎么办** 　　为人民服务，要有热爱人民的思想感情，和人民息息相通；为人民服务，要有满腔热忱的态度，给人民办实事；为人民服务的思想要从小培养。
1993 年 《思想政治》	**为什么** 　　伟大的中国人民：中国人民是物质财富的创造者；中国人民是精神财富的创造者；中国人民是推动历史车轮前进的动力。 　　热爱人民：我们的一切都是人民给予的；爱人民是我国的社会公德。 **怎么办** 　　为人民服务：全心全意为人民服务；立足本职为社会做贡献。

　　[①] 资料来源于孟庆男. 中学思想政治课发展史研究［J］. 课程·教材·教法，2013（11）. 刘黔敏. 德育学科课程：从理念到运行［D］. 南京师范大学博士学位论文，2005.

"热爱集体"主题的编排逻辑

1981年《青少年修养》	**是什么、为什么** 集体是个人成长的园地：良好的学校和班级集体，能够使我们顺利地掌握科学文化知识；良好的学校和班级集体，对我们的身心成长起着重要的作用；良好的学校和班级集体，对培养集体主义有着重要的意义。 **怎么办** 怎样建立良好的集体：最重要的是每个人都关心自己的学校和班级，成为自己学校和班级的主人；个人利益服从集体利益；自觉遵守纪律。
1988年《公民》	**是什么、为什么** 个人与集体的关系：个人的成长离不开社会、集体；良好的集体是个人成长的必要条件；良好的集体离不开个人的作用，需要个人生动活泼地发展自己的个性特长。 **怎么办** 培养集体主义观点：热爱集体，发扬集体主义精神；培养集体主义的观点，正确处理个人利益和集体利益的关系。 建立良好的班集体：建立良好的班集体需要全体成员共同努力，集体的每个成员都要有主人翁责任感；建立良好的班集体，必须形成正确的舆论，开展批评与自我批评。
1993年《思想政治》	**是什么** 集体是有组织的团体：集体的力量是强大的。 **为什么** 个人离不开集体：集体是个人成长的园地；在集体中个人才能更好地发挥作用。 **怎么办** 做集体的主人：良好的集体靠每个成员的努力（每个成员都是集体的主人，在自己的岗位上为集体的事业出力）；创建良好的班集体（大家共同努力；要有主人翁的责任感；维护集体荣誉；发扬团结友爱的精神）。 个人利益服从集体利益：个人利益与集体利益；正确处理个人利益与集体利益的关系。 自觉树立集体主义观念：集体主义是社会主义的道德原则；从小培养集体主义观念（从日常生活和身边小事做起；必须反对个人主义思想；处理好大集体和小集体的关系）。

从教科书中对两个主题内容的呈现可以看出，从 1981 年到 1997 年的十几年间，在编排上一直沿用的是"是什么—为什么—怎么做"的风格，对内容的阐述基本上是夹叙夹议的叙事风格。用陈述句提出"什么是什么"的问题，用祈使句回答"我要怎样做"，间接地抛出了道德要求。这样的编排逻辑使每一个主题都变成一个闭环式的内容系统，虽然易于教师在教学中进行把握，但相应地也禁锢了其与学生对知识的主动建构。

（二）内隐德育观的折射

其一，"可知"即"可行"的道德逻辑。

循着教科书中"什么是什么"—"为什么要这样（会这样）"—"我们应该怎样做"的编排逻辑可以看出"可知即可行"的德育观，即只要学生理解并掌握了这些内容，道德行为便可顺其自然地被引出。此种观念在课后的练习题中也得到了有力证明。

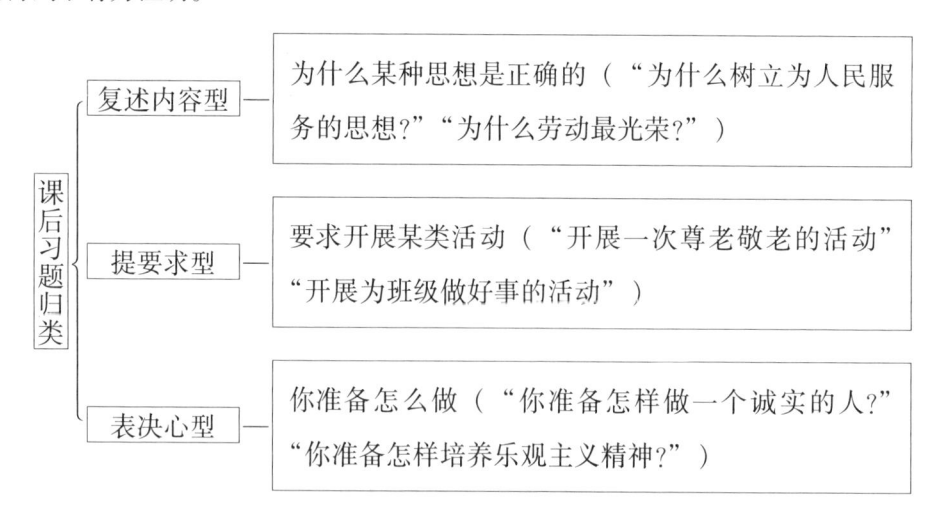

课后习题归类
- 复述内容型 —— 为什么某种思想是正确的（"为什么树立为人民服务的思想？""为什么劳动最光荣？"）
- 提要求型 —— 要求开展某类活动（"开展一次尊老敬老的活动""开展为班级做好事的活动"）
- 表决心型 —— 你准备怎么做（"你准备怎样做一个诚实的人？""你准备怎样培养乐观主义精神？"）

如是，课后习题的逻辑排列和教科书内容的编排逻辑是相切合的。权且不去研究这样的问题表述和顺序安排是否体现科学性、合理性的特质，仅从表述的方式来看，就让原本纷繁复杂的道德问题被"粗略化"了。如此的教科书内容以教师的"教本"与学生的"学本"现实地存在着，必然会让师生对课程有这般价值考量：德育学科课程就是一门关涉道德知识的课程。而就道德知识本身而言，譬如善良、仁爱、真诚等美德并不具有能将自身蜕变为其相应德性的能动性。因此，理论与知识于学生的道德成长来说是否构成必然联系是需要具体考量的。

其二，教师与学生之间的传授——接受关系。

德育学科课程教科书虽然是物质材料的静态存在，但其隐含着强烈的价值指向。这种指向决定着在教科书编写之前对教师与学生的角色、地位、关系等的预设。如果预设的结果是将学生定位为主动学习者，那么教科书内容的选择与编排则会朝着唤醒学生体内潜在的道德成长因子，为学生主动获取道德知识、参与道德活动、实施道德行为而提供帮助的方向努力。反之，如果预设的结果是将学生定位为"无知"的被教化对象，那么教科书内容的选择与编排则会依循"学生是接受道德教化的客体，需要有道德知识为其提供道德行为标准"的理念进行。这种理念下编排出的教科书在内容上呈现着强大的权威性和不可抗性。课后满是标准的、有固定答案的识记性习题就是践行这一理念的有力证明。

课程内容	课后习题		
	1981年《青少年修养》	1988年《公民》	1993年《思想政治》
为人民服务	①为什么必须树立为人民服务的思想？②开展为人民做好事的活动。	①为什么要树立为人民服务的思想？②你打算怎样树立为人民服务的思想？	①为什么说心中有他人是培养为人民服务思想的起点？②谈谈你对华罗庚一段话的理解。③开展为人民服务做好事的活动，以及相关的调查。

这种"权威型"的教科书编排逻辑使教师和学生处于对立的位置。教师教，学生学；教师传授，学生接受；教师主体，学生客体；教师选择，学生被选择。这样的传授与接受模式凸显了强烈的灌输本质，教师看似以主体的身份拥有很大的权利，实则仅是教科书内容的传送器，无须进行再创造，只需将已经确定的道

德知识传送给学生就好。因此，在社会上流传着"人人都能当政治课老师"的说法，而这于教师与学生的成长想必都是无益的。

其三，"权威"逻辑下的评价方式。

德育学科课程教科书的编写逻辑在一定程度上制约着该课程的评价方式。如前所述，编写者在教科书中安排了大量的已经确定了的识记性内容。教师在课堂上负责将这些内容传授给学生，学生需要将这些道德知识熟记。而课后练习中提到的"为他人做好事""慰问孤寡老人"等活动在德育课中没能得到切实地实施。在笔者的记忆中，这些活动都是学校在假期的时候组织、安排的，并非德育课程之举。因此，这门课程可以考核的内容也只有教科书中的道德知识了，评价学生的优劣主要看其对道德理论知识的记忆、背诵情况。笔者高中时学习思想政治课的情形仍历历在目。教师按照教参把课后习题的答案告诉学生，学生要一字不差地将答案背熟，这样在考试中就会得高分。所以，天资并不聪慧的笔者凭借夜以继日地反复背诵，在高考中拿到了138分的成绩。

正是有了这样的评价方式，使德育学科课程隐含着"知识性"课程的暗示，而这种暗示又源于教科书的设计与编排制约了该课程的评价方式。如此往复的相互作用，使德育学科课程在偏离德育意旨的轨道上渐行渐远，德育观凸显知识性的旨趣。

二、教科书中榜样人物的浮沉

在社会群体中树立典范、楷模、榜样是各个时期我国道德教育一贯采用的做法，它体现了国家在不同阶段的人才观，隐含着主流德育观对理想人才德性应达标准的想望。可以说，榜样人物在影响着一代又一代的人，也在形塑着一代又一代的学生。学校的德育学科课程对学生进行着最直接、最高效的道德教育，因此在庞大的德育系统中，它一直处于主渠道的位置。将榜样人物的事迹以文字、图片的形式载入教科书，依托德育学科课程的实施，可最大程度影响学生，使其学习、效仿榜样，最终朝着预设的理想人格的方向发展。

笔者选用了几套人教社出版的初中、小学的德育学科课程教科书，因为这两个阶段的学校德育课程涉及的思想品德方面的内容较多。通过对这几套教科书中榜样人物数量、类属、特点等变化的统计、分析，尝试着把握榜样人物浮沉背后的我国主流德育观的流变。

榜样人物相关数据的统计（初中）

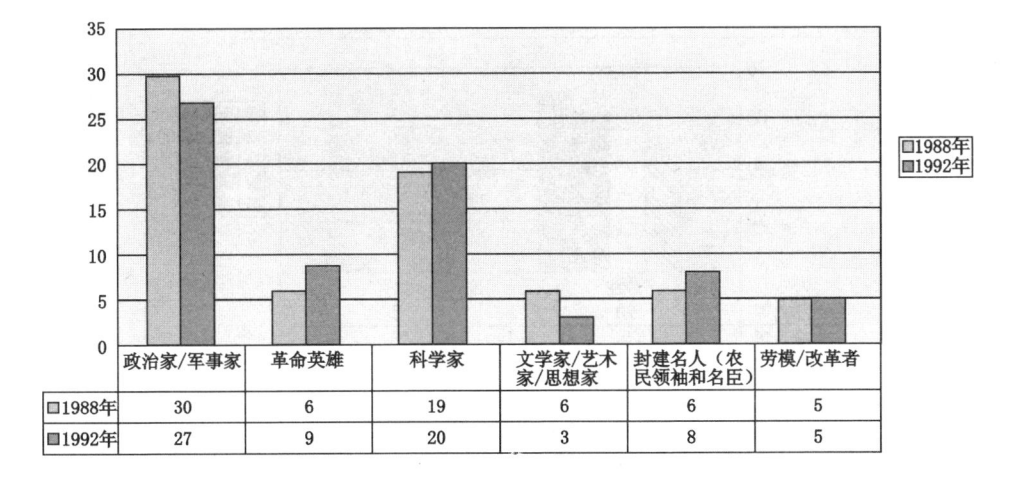

	政治家/军事家	革命英雄	科学家	文学家/艺术家/思想家	封建名人（农民领袖和名臣）	劳模/改革者
1961年	6	5	0	0	0	0
1982年	26	15	6	0	4	1
1988年	14	10	20	5	1	8
1993年	16	11	16	18	3	3
1997年	27	3	20	16	6	3

榜样人物相关数据的统计（小学）

	政治家/军事家	革命英雄	科学家	文学家/艺术家/思想家	封建名人（农民领袖和名臣）	劳模/改革者
1988年	30	6	19	6	6	5
1992年	27	9	20	3	8	5

榜样人物的类属

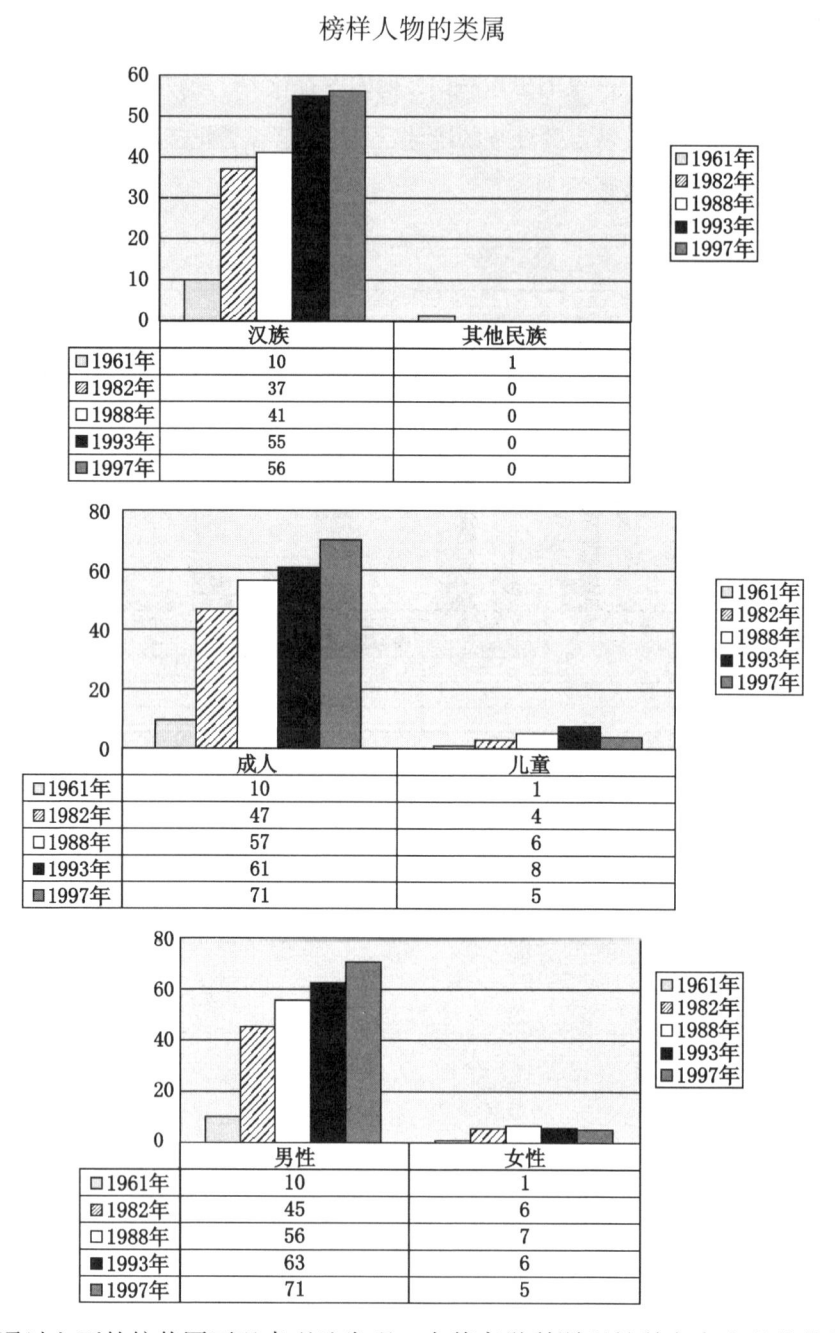

	汉族	其他民族
□1961年	10	1
▨1982年	37	0
□1988年	41	0
■1993年	55	0
▩1997年	56	0

	成人	儿童
□1961年	10	1
▨1982年	47	4
□1988年	57	6
■1993年	61	8
▩1997年	71	5

	男性	女性
□1961年	10	1
▨1982年	45	6
□1988年	56	7
■1993年	63	6
▩1997年	71	5

通过上面的柱状图可以直观地发现，在德育学科课程教科书中出现的榜样人物大致可归结为几个明显特点。首先，政治家、革命家的数量颇多，科学家次

之，文艺家以及社会群体中的榜样也有所涉及。随着时代的发展，社会的进步，国家建设对科学技术知识的要求不断提升。从20世纪80年代中后期开始，科学家在德育学科课程教科书中的"出镜率"大大提高。其次，成人榜样的数量很多，儿童榜样的数量微少。教科书中随处可见成人榜样的故事和事迹，即便是在小学阶段的教科书中也大都是成人榜样的无私、无畏、舍己、奉献的光荣形象，而于儿童中间榜样的选取则微乎其微。教科书的主旨在于帮助儿童学习榜样的良好品德，能够主动地爱祖国、爱集体、爱人民。应该说，这是集体主义价值观的产物，但与社会发展进程中逐渐显露的"逐利"的价值取向又是背道而驰的。德育学科课程教科书中刻意强调榜样的优良德行，而回避"追名""逐利"的带有功利色彩的人物的出现，映射了德育观与社会主流价值取向在某一阶段会出现不一致的可能。再次，教科书中有些人物是被"忽略"的。统计图标显示，一些人物如少数民族、资产阶级实业家等在中华人民共和国成立以后至20世纪90年代末的教科书中极少或从未出现过（仅1961年的教科书中少数民族人物出现过1次）。这种编排对于一直倡导各民族团结、统一的中国来说，实则是一种缺失。而对于带有"阶级标签"的资产阶级实业家等人物的缺席，与改革开放后我国大力发展经济的社会形势也是不相匹配的，但却迎合了德育突出政治性的旨趣，隐含其中的主流德育观的价值取向也不言自明。

三、教科书建设的心路历程

中华人民共和国成立后，教科书与德育学科课程一起历经风雨、不断前行。循着德育学科课程设置变迁留下的印迹，笔者相应地将教科书的历史变迁划分为以下几个比较突出的时期：1949年—1965年是"文化大革命"前十七年，在这段时间里德育教科书的内容随着政治运动的变化而变化，跌宕起伏、蹒跚前行，政治化的特征十分明显；1966年—1976年是"文化大革命"的十年，德育教科书的建设被迫中止，教科书的内容被无限泛化；1977年至今属新时期，德育教科书得以重建，逐步走向有序，特别是新课程改革以来，教科书的建设回归本体，真正走上了"星光大道"。

（一）"文化大革命"前十七年的教科书建设

"文化大革命"前十七年的这段时间，德育学科课程教科书伴随着新中国的政治变幻而跌宕起伏、蹒跚行进。中华人民共和国成立后，各级学校在课程设置上有了很大的改变，如《党义》《公民》等之前曾开设过的课程被取消，取而代之的是反映国家意识的思想政治教育类课程。但由于新中国成立时间尚短，还没有一套完整的德育课程体系，也还没有统一的课程标准，因此，当时德育学科课程教科书的建设也很不规范。教学上使用的教科书有些是革命伟人的著作，有些是时事报刊上内容的节选，有些是解放初期的一些文献，还有些是关于中国共产党发展历史的材料。1952颁布的《小学暂行规程（草案）》中指出："小学实施智育、德育、体育、美育全面发展的教育"，德育方面要"使儿童具有爱国思想、国民公德和诚实、勇敢、团结、互助、遵守纪律等优良品质"。[①] 但在教学计划中并没有将德育课程列入教学科目内，仅在教学计划、教导原则的说明中指出"第一、二、三学年不设常识科，教师应将自然、社会等常识，在语文及其它各科教学和课外活动中联系进行；劳作在各科教学的实验、实习中和课外另订时间教学，不列入教学科目内"。[②] 一直到1957年，小学也没再开设专门的德育课程，因此也就谈不上对教科书有何建设。中学的德育学科课程教科书在这一时期的变动比较频繁。1951年6月以前，中学的德育课程是配合政治运动而进行的，当时在各年级均开设了政治课，而且教育部颁布《中学暂行教学计划（草案）》确定了德育课程位于其他学科课程之首的地位。随后，为了更加系统地对学生进行爱国主义教育，取消了后来教学计划中的《政治》科，将每个阶段所开设的德育课程冠以具体的名称：初中三年级开设《中国革命常识》，高中二、三年级开设《社会科学基础知识》及《共同纲领》。1951年11月，教育部颁布《关于

[①] 中华人民共和国教育部办公厅. 教育文献法令汇编（1949—1952）[M]. 1958：195.

[②] 中华人民共和国教育部办公厅. 教育文献法令汇编（1949—1952）[M]. 1958：197.

中学政治课略有变更的通知》中明确指出：初中三年级的教材《中国革命常识课本初稿》原拟从9月份起陆续在《人民教育》及《中国青年》发表。现因故未能如期刊载。在该课本未能继续发表时，各学校可暂时采用《学习初级版》发表的《政治常识读本》作教材。时事政策课的教材可参考《时事手册》《抗美援朝专刊》《人民周报》和当地报纸的材料，由各校组织时事政策教育研究指导组负责选定每周教材。① 1954年7月，教育部对中学德育课程做了调整，因为没有合适的教科书，所以决定初中二年级暂时不开设《中国革命常识》，而高三年级由于将《共同纲领》改为《政治常识》，所以使用《经济建设常识课本》作为暂时的教科书。由此可见，这一阶段的教科书大多都是"暂用"的、"临时上岗"的，带有明显的过渡性质，教科书的建设没有显著的成效。

到了1957年，我国的社会主义改造基本完成，而随后的反右运动和"大跃进"运动都对学校的德育课程造成严重的影响。在这一阶段，学校的德育课程强调对马克思列宁主义、毛泽东思想的学习。特别是对毛泽东思想的学习，注重对毛泽东著作的选读，在中小学开设《社会主义教育》课，并有相应的教材。此时的德育课程凸显的特征就是围绕着"政治运动"转和围绕着"政治形势"转，教科书也成为阶级斗争的附庸与工具。这样对学生的思想政治、道德品质的教育便出现了泛政治化的倾向。1959年教育部颁布了政治课的第一部教学大纲。根据大纲的规定与要求，先后编写了《社会发展史》《毛泽东著作选读》《做革命接班人》等教科书。至此，中学的德育课程开始有了固定的教学内容，教科书的建设也开始进入到系统化的程序。但由于社会政治形势的局限，教科书的改革并没有继续深入下去，作为政治工具的教科书伴随着政治运动和社会形势变化在断断续续地发展着。

总结"文化大革命"前十七年教科书的发展历程可知，这一时期教科书的内容极其不稳定。在1959年的思想政治课教学大纲没颁布之前，德育学科课程

---

① 中华人民共和国教育部办公厅. 教育文献法令汇编（1949—1952）[M]. 1958: 188.

教授什么都是由临时出台的文件来决定。这种频繁的变动使得教科书根本无法与课程相匹配，学校教学上使用的文本大多是由报刊、文献等资料或者是时事文章编辑而成，如果出现与其他学科的教科书内容相重复的，可以根据各地区、各学校的具体情况做适当的调整，甚至将重复内容删除，这足以可见当时教科书的不规范性。1959 年的《中等学校政治课教学大纲》的出台，使得学校的德育学科课程有了相对稳定的教学内容，教育部开始组织编写教科书。到 1964 年，全国统一使用的德育教科书发行，这于教科书的发展进程而言，无疑是其趋近有序化的最好印证。可惜的是，刚刚燃起的希望之火又被"文化大革命"无情地踏灭了。

除了内容的不稳定性，这一时期的教科书也暴露出它政治性较强的特点。教科书的内容围绕着政治、经济的发展情况而设计，特别突出阶段斗争，出现了因为某种政治需要而设课的情况。教科书的内容也主要是马列主义、毛泽东思想、中国共产党的发展史以及革命时期的种种事件等。这时的学校德育就是试图让学生明白"为什么要坚持无产阶级立场""为什么没有了立场就会无法分辨是非、善恶、美丑"，与中华人民共和国成立之前的公民教育相比，内容完全不同了。而教科书的内容大多是从一些革命伟人的著作中节选而来，偏重思想性、政治性、革命性，这些内容对于大学生而言理解起来尚有难度，何况身心尚未完全成熟的中小学生，其难度超出了他们所能接受的范围。因此，这些不适合学生身心发展特点和认知水平的、思想政治性又极强的教科书在学校的教学实践中运行起来也是困难重重。

用现在的眼光去审视当时的教科书，尽管有诸多的缺点和不足，但它却是德育教科书发展历史中不可缺少的一部分，为日后教科书的建设发展提供了宝贵的经验支持。

（二）"文化大革命"十年间的教科书建设

"文化大革命"的十年是我国政治运动极度膨胀的十年，作为备受关注的学校教育在这场政治运动中历经生死，而德育课程也伴随着厄运在迷茫中前行。当时，课程结构被全盘否定，教科书体系也遭受了空前的破坏，中小学的德育课程处在一片混乱之中。

"文化大革命"初期，全国各地都在停课"闹革命"。随处都是各种"派"、各种"斗"，正常的教学活动没办法开展，原有的德育课程体系被彻底摧毁，德育课程停开。当时，在全国范围内掀起了对毛泽东盲目崇拜的热潮，在这股热潮的影响下，中小学的德育学科课程索性成了毛泽东思想课，在课上读语录、背语录、念文件、念报纸，毛泽东的讲话和时事摘录充当着当时的教科书，思想政治基础理论和基础知识被定了"调"的政治教育所淹没，人人手中一本毛主席语录，人人口中高喊的都是"无限忠于毛主席"的空泛口号。从搜集到的德育课程教科书上可以看到，"红色"是当时的主题色彩，从封面的字体到图案都是红色。因此，红色的主题、阶级斗争的主旨、愤怒的主调成为当时教科书的突出特点。

"文化大革命"后期，各地开始纠正前一阶段对待教育的极端做法，教育领域的各方面工作开始复苏。"文化大革命"前的一些有效措施开始恢复，德育课程也在大环境下出现了回暖的势头，思想政治基础理论和基础知识方面的教学开始加强。但是好景不长，教科书中极"左"的内容还未被彻底清除，反击右倾翻案风等运动又纷至沓来，德育课程又一次成为阶级斗争的工具。1974年张铁生的答卷被编入中学的教科书，同年11月，国务院教科组按照上级的意见，要求各地区修订现行的教材，"先抓中小学历史、语文、政治和大学的文科教材的修订工作"[1]，"要充分反映无产阶级文化大革命的成果和批林批孔的要求"[2]。因此，全国各地区都结合社会形势对中小学的德育学科课程教科书进行修订，在教科书的内容安排上反映了政治斗争的主要方向。

"文化大革命"的十年应该是比任何时候都重视思想政治教育的十年，也是

---

[1] 沈壮海，徐海蓉，刘素娟. 中华人民共和国学校德育大事记（续）[J]. 思想理论教育，2006，4.

[2] 课程教材研究所. 教材制度沿革篇（上册）[M]. 北京：人民教育出版社，2004.

将思想政治教育无限扩大甚至被滥用的十年。在这十年间，刚刚建立起来的德育课程体系被摧毁，刚刚走向有序的教科书建设被中断，带有强烈阶级斗争情绪的词汇在教科书中随处可见，教科书被异化为阶级斗争的工具，因而也就丧失了其立德树人的本质。

（三）新时期教科书的建设

1976年"文化大革命"结束，长期被破坏的教育事业重回正轨，道德教育逐步抹去"政治化"的烙印，走向科学、规范、健康的发展道路。学校的德育学科课程重新恢复，教科书的建设也从"无序"回到了"有序"，迎来了崭新的发展阶段。

随着"文化大革命"的结束，各领域开始拨乱反正，中小学正常的教学秩序得到恢复，德育学科课程体系重新建立。由于"文化大革命"刚结束，统一的教学大纲还没有出台，在这种情况下，许多地方自行编写过一些过渡性质的教科书。到1981年秋季，随着学校课程的恢复，教学也逐渐地走向正轨，国家决定进一步通过高考为社会主义现代化建设培养精英人才。于是，重新恢复的高考制度使"文化大革命"期间深受"知识剥削"而倍感知识匮乏的人们，开始涌入了热切汲取知识的浪潮。为了满足人们面对高考渴望获取更多知识的需要，此时的教科书在编排逻辑上特别注重学科知识，也就是将大量的知识性内容编入其中。这又忽略了课程的德育本质，使德育课程呈现出"智育"旨趣的样态。随后，伴随着我国社会各领域改革的不断深入，中学德育课程教学的弊端也越来越凸显。因此，1985年8月中共中央发出了《关于改革学校思想品德和政治理论课程教学的通知》。"为了贯彻《通知》的精神，原国家教委于1986年制定了《中学思想政治课改革实验教学大纲（初稿）》，规定从初中一年级到高中三年级分别开设《公民》《社会发展简史》《中国社会主义建设常识》《科学人生观》《经济常识》《政治常识》等课程。同时，由北京师范大学及六个省编写的七套教科书，首先在各地区进行试用，到1989年秋国家教委决定在全国铺开使用。"① 这些实验性质的教科书在使用过程中虽然呈现出一些优于以往教科书的新特点，但也展现出一定的问题。于是，为了使教科书的内容更加科学、规范，为了使其更好地契合社会发展的需要，原国家教委下大力度编制新的教学大纲，以为教科书的编写提供有力指导。1992 年《全日制中学思想政治课教学大纲（试用稿）》颁布，同时完成了新教科书的编写。自此，各年级的德育学科课程教科书统一名称为《思想政治》，其内容较之前亦有所调整和变化。

可以说，20 世纪 90 年代后的教科书从形式方面看，无论是组织形式抑或是呈现方式，都有了很大的变化。这一时期的教科书建设重视学科的逻辑体系，按照知识的逻辑顺序编排内容，使内容规范、系统。呈现形式上也做了大尺度的改变，从学生的身心发展特点处着眼，以插入丰富多彩的图片来吸引低年龄段学生的眼球，从而提升其学习的主动性。在高年龄段则采用摆事实讲道理式的夹叙夹议，内容由浅入深、通俗易懂。另外，在教科书中有大量的图片、阅读材料等，形式丰富多样。从教科书的内容方面看，此时的教科书主要以经济建设为主线，淡化阶级斗争，呈现了去"政治化"之后的科学、规范的内容。如小学《思想品德》课教科书中所提到的"致富"的内容，就是为了契合国家的经济建设实际，这在"文化大革命"时的教科书中是不可能看到的。除了契合国家改革的实际，此时的教科书也开始关注学生的生活实际。小学的教科书关注学生良好的行为习惯和思想品德的养成，中学阶段的教科书在内容上以理论联系学生的学习、生活实际，关注学生公民素质的养成和科学的世界观和人生观的树立。总的来说，这一时期的教科书偏重认知内容的选择，因而服从、规训的特点比较明显。

随着政治、经济改革的不断深化，我国日益繁荣兴盛。深刻变化的国际形势带给我们机遇的同时也带来了挑战。在日趋激烈的综合国力的竞争中，国民素质的竞争成为竞争的根本。于是，素质教育和基础教育课程改革在我国教育领域开始运行。在新理念的指导下，德育学科课程教科书无论从理念上还是在现实的运

---

① 孟庆男. 思想政治学科教学原理[M]. 香港：中国科学文化出版社，2003：29.

行中也随着社会的发展而发生了深刻的变革。变革后的教科书更加贴近学生的现实生活、更加的多样化。

新教科书在内容的选择上选取了与学习者的生活密切相关的问题而非真理性的知识，将学生的生活领域从个人、社会逐渐扩展到国家、世界，引导学生将个人生活与国家生活整合的同时，学会过有道德的生活，为自身未来过有意义的生活奠定基础。在内容的呈现方式上，新教科书以学生的生活逻辑来安排内容，以模块的形式将学习内容划分为若干个主题，紧紧围绕学生的生活实际以及学生在生活中可能会遇到的问题来编写教科书的内容，将学生的品德、身心的发展与其实际的生活相结合，引导学生在生活中启智，在生活中树德。在形式的呈现上，新教科书一改往日刻板的形象，将基调定为"活泼""灵动"。如在课本中引入了大量的卡通图片；不同的主题用不同的颜色加以区分；对知识的陈述使用了许多生动的文字而少了道德说教；增加了引言、课目标等小栏目；既有对基础性知识的解释和分析，又有对社会现象、时事要闻的描述和评论；语言变得日常化、平民化，少了"不能……"一类的命令式语句，而多了"可以……"一类的引导式语句。如此种种，使得新教科书变得活泼、灵动，自身魅力增强的同时也提升了德育的实效性。

综上所述，学校德育学科课程的运行随着社会的变迁、德育改革的进行在不断地发生着变化，这些变化表现在课程设置、课程标准、教科书等内容的嬗变上。从对德育学科课程改革的历史事实的总结中似乎可以看到一只"无形之手"在为改革确定着方向，使学校德育可以顺应社会现实并为社会的继续发展提供服务与保障。正因为它的变化使得被其能量"统摄"的学校德育按照它的"意图"也发生着改变。基于前面对德育学科课程不同时期表现出的不同变迁特点的分析可以基本把握到这只"无形之手"的嬗变轨迹，对其进行概括、提炼、厘定，可以在回顾与反思历史中展望未来。

第三章

德育学科课程改革背后的德育观嬗变

道德教育贯穿人类始终，每一个体并不天生具有德性，而是具有接受道德教化的潜质。在传统社会，道德教化主要限于家庭、家族、村社，无处不在、无时不有，但并没有形成一个专门的教育机构、教育队伍。一如学校教育已经成为专业知识培养的主要形式，道德教育也作为这种专业教育的重要部分或领域而建构起来。专业化的道德教育不同于民间教育的重要方面就是它的专业化和系统性，集中表现为课程设置、教材编写和教师配备。其中支撑课程与教材之理念的乃是政党或政府的德育观，即把受教育者培养成具有何种德行的理念。这种理念尽管受到决策者或设计者自身的价值观的影响，但更取决于人们现实地生活于其中的那个社会结构及其运行方式。场域决定文化，文化塑造习性，而习性又反过来制约着文化与习性。

　　古往今来，中国社会信奉的国家主义教育理念也好，抑或是对西方国家影响至深的自由主义教育理念也罢，这些理念都没能走出国家主流意识形态统摄下的"雷峰塔"，对于作为规范人们思想和行为的道德教育来说就更是难逃被"关照"的命运了。事实证明，某一时期的德育理念是主动契合于这一时期的国家主流意识形态的，而德育价值取向也主动向这一时期的国家主流价值观念趋同。这种契合与趋同投射到学校德育的实践中，便影响了德育目标的确定、德育内容的选取及德育方法的选择。如图1-1所示，可以直观地看到国家主流价值观念对学校德育学科课程的统摄与影响。而逆向思维，是否能够从"塔底"的具体呈现来揣摩出"塔顶"的主张或意旨呢？这便是为什么前面要对德育学科课程的设置、课程标准、教科书的变迁进行历史梳理的原因所在了。结合前面的论述，笔者试图归纳总结了不同时期具有明显特征的德育观的具体呈现，也尝试着探寻具有超强统摄力的"塔顶"的流变轨迹。

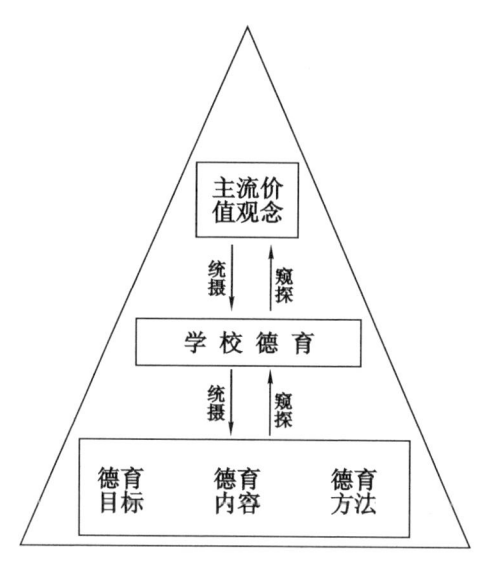

1-1

第一节　除旧树新、公私兼修的德育观[①]

社会得以步入现代化的进程得益于人的现代化,而人思想的现代化是人实现现代化的根源。崭新的时代需要崭新的思想,更需要崭新的道德教育观念与之相匹配。以"自由、民主、科学"为主旨的五四运动无疑给饱受传统道德思想禁锢的人们送来了一颗稻草,这颗稻草在异于西方土壤和气候的中国土地上扎根、成长,必定是一个艰难、漫长的过程。此时的中国,封建王朝已经退出历史的舞台,但妄图复辟帝制的残余力量仍蠢蠢欲动。在新旧力量的斗争中,新旧思想激烈碰撞,迸发了传统德育与现代德育之间的矛盾。但就如事物的发展规律是螺旋上升、曲折前进一般,新的政治制度替代旧的政治制度,新的价值观念取代旧的价值观念都是不可违背的必然规律。

一、"自由、民主、科学"观念的萌芽

任何时期的德育观念都是这一时期的社会主流意识形态在德育领域的具体反映,社会对真善美、假恶丑的价值判断就是德育在内容、方法等方面选择时的标准尺度。而主流意识形态是由统治阶级的政权形式所决定的,所以五四时期的中国德育观念是随着占统治地位的阶级的意识形态的变化而起伏波动的。但现代的德育观念最终将颠覆传统,在与传统的博弈中终将胜利并呈现螺旋上升的态势。

中华民国成立以后,一批最先接受西方现代思想的先进分子通过讲学、办

---

① 本文虽然重点研究中华人民共和国成立后的德育观的嬗变,但德育观并不是新中国成立后才有的。故笔者选取了五四时期的德育观进行梳理,不仅因为它是距离研究对象最近的一个时期,更因为这个时期中国民众的思想逐渐开化,各种观念碰撞杂糅,德育观呈现出不同以往的突出特征。将其作为研究的背景更能突出研究对象的历史感。

报、公开演说等形式，宣传西方自由、平等、博爱的思想，期望可以唤醒被压抑多年的国民意识。如前所述，1912年南京临时政府教育部颁布《普通教育暂行办法》，取消了"读经"科，向"忠君""尊孔"等迂腐思想发起挑战，折射出民国初期德育的先进性。同时，深受西方现代思想影响的首位中华民国教育总长蔡元培先生注重道德教育，倡行"五育并举"，在"五育"中将公民道德教育视为根本，将培养公民的现代意识视为德育的主旨，颠覆了传统的纲常礼教的伦理道德思想，给传统教育宗旨以沉重一击。由此可见，这一时期无论是正式的学校道德教育，还是民间的社会道德思想传播，都深深地冠上了西方现代性价值观念之名。

辛亥革命结束后不久，革命的胜利果实便被袁世凯窃取。为了给复辟帝制奠定思想基础，培养"子民""臣民""顺民"，袁世凯先后颁布教育法令，重开读经、讲经科，将其编入学校课程体系，明确提出了封建复古的教育宗旨。他的倒行逆施为传统封建礼教的复燃创造了契机，也无疑遭到了进步人士的一致声讨。那些接受过西方教育并深受西方现代文化影响的知识分子认识到，只有人的思想实现了现代化，社会才有可能实现现代化。于是，一场全盘否定封建传统道德思想的新文化运动便轰轰烈烈地开始了。新文化运动的领袖们高举自由、平等的大旗，宣扬民主共和观念，将儒家的"家""国"至上的思想与西方的个人主义进行比较，将其作为阻碍中国社会前行的劣根思想进行批判。这是一个以个人主义价值观念对德育进行主导的时代，国民的主体性意识开始觉醒，倡导主体人格的张扬，对深藏已久的奴性思想进行颠覆式的批判。映射在德育领域则是将人的主体性人格能否得以塑造、人的自由发展能否得以实现作为判断德育价值的标准尺度；映射在学校德育中，则是从德育课程内容的变化中窥见一二的。结合前面对德育课程设置的概述可知，清末新政时期，《修身》科的课程内容尚是"忠君""尊孔"，以道德说教的方式进行教学，袁世凯、张勋等人复辟帝制的梦想破灭后，修整后的《国民学校令》正式废除《读经》科。这事实上印证了传统伦理道德思想已经失去人心，现代德育观念已渐渐走进人们的生活，在传统与现代的博弈中，后者走上了历史发展的舞台。

二、各种思想观念的碰撞和杂糅

五四运动时期的各种思想可谓"百花齐放、百家争鸣"。受杜威实用主义思想影响颇深的胡适、陶行知等人开始讨论价值水准对社会发展的作用。他们提出是否应该以适应社会发展需要与适应时代发展需求为判断道德价值的标准和尺度。"德育上所取的价值判断论是要以真实为标准，不应本乎信条的方式和遗传的道德学说。因为多数人的理想和志愿都不能离却真实的背景而完全去随道德家、教育家的主张。"[1] 1919年，教育总长蔡元培提出新的教育宗旨，"养成健全人格，发展共和精神"。在这一宗旨的指导下，公私兼修的德育主旨被进一步深化，教育家们要求强化公民教育的心情愈发迫切，为后来正式公民科的设置打下基础。1923年的北洋政府发布《新学制课程标准纲要》，在中小学的课程体系中取消《修身》科，初小用《社会》科代替，高小和初级中小设置《公民》科，真正实践了新教育的宗旨。中小学的《修身》科被《公民》科所取代，昭示着学校的道德教育步入了现代德育之途。同时，俄国十月革命的胜利给中国吹来了无产阶级革命之风，一些早期的马克思主义者以李大钊、陈独秀为代表，开始宣传马克思主义思想，倡导集体主义的道德价值观。中国的文化界和思想界开始出现分化，文化保守者主张给中国传统道德思想中的合理部分以新的诠释和解说，各家各派的思想相互渗透，相互融合，呈"西为中用，中西交融"之势。在学校德育中，尽管传统德育观的气息并未消失殆尽，但现代德育观念的气息已经扑面而来，奠定了当代中国道德教育的基本架构。

综上所述，随着西方现代性思潮的涌入和国民意识的不断开启，除旧树新的德育理念随着教育领域的改革在中国崭露头角。此时的德育观念实现了私德和公德兼修，并向以培养并造就新式国民为旨趣的个人主义的德育观念逐渐转变。

---

[1] 李璜. 国民教育与国民道德 [J]. 中华教育界，1924：13.

第二节　泛政治化的德育观

中华人民共和国成立后，新的政权既为解放人们的思想提供了政治上的保障，又为新思想、新观念的产生营造了合理的氛围。作为指导学校道德教育的德育观念也在国家破旧立新的过程中被赋予了全新的内涵。新中国成立初期，为了建立"苏联式"的意识形态，陶行知、胡适、杜威等教育家的思想遭到轰轰烈烈的批判。五四时期兴起的理性启蒙思想被"政治挂帅"的革命思想击败，而此时的革命思想强调的是阶级斗争和集体主义，强调个人对集体的服从、个人对革命的服从、个人对革命理想的追崇等。可以说，新中国成立初期的道德教育把人推进了革命道德泛化的深谷，以致"文化大革命"期间越陷越深。德育观念在"革命"的道路上经历了变迁，泛政治化的取向愈演愈烈，最终走向异化。

一、中华人民共和国成立初的德育实践

中华人民共和国成立初期的道德教育是在破除旧教育、旧文化，建立新教育、新文化的相互博弈中建构起来的。德育观念作为意识形态实现其功能的载体，它的变化就成为巩固当时意识形态的当务之急。当时，社会的、集体的价值观念是学生的唯一选择。在学校高度重视国家利益、集体利益的氛围下，学生欣然接受了这种主流的价值观念，一致地表现出对集体主义价值观念的普遍认同。坚持"以阶级斗争为纲"，突出"热爱集体""无私奉献"，人们把无条件地服从集体作为最高的价值标准，并将其观照到生活的方方面面，学校德育也将其作为学生价值观教育的基本尺度，形成了一套与当时社会的政治、经济相适应的价值观念。

通过前面对德育课程变迁的概述可以看出，在课程标准的表述中，"集体、

人民、社会"此类词语出现的频率最高,在处理个人与集体的关系时,个人利益要服从、服务于集体利益,在遵守社会规范和承担社会责任时,要做"五爱"的好公民。由此看出,集体主义的价值观念反映了当时德育的主流价值理念。

首先,集体"进场",个人"退场"。在前面对课程标准表述的分析中可以看到,"我"的权利被提及的很少,更多的是"我"对集体、"我"对人民应该有哪些责任和义务。"热爱集体""热爱人民"等表述强调的是个人对集体的服从,集体利益有必然的先在性,既合理又合法。当个人利益与集体利益发生冲突的时候,个人必然"让位",集体必须"进场",个人的情感与需求则演变成一种工具而存在。1997年以前,学校德育的重点是使学生具有"爱祖国、爱人民、爱劳动、爱科学、爱护公共财物"的公德,但却没有教给学生"如何爱自己",个人只履行付出的义务而难享受利"我"的权利。这是一种"舍己为人""无我""无私"的道德教化范式,这些在中小学的课程标准和教科书中都有明显的体现(如在教科书中介绍雷锋、焦裕禄等人物的事迹,在尽善尽美的宣传浪潮中,强调"忘我""献身"的精神)。

"文化大革命"期间的道德教育继承了中国传统道德教育的衣钵,对人性进行改造,高喊"不讲索取,只讲奉献""抛弃个人利益,一切为了集体利益"的绝对集体主义的华丽政治口号,否定个人主义,全国上下步调一致,妄图创造乌托邦式的道德国度。由于过分强调集体而忽视个人,导致人才培养的千篇一律。"培养无产阶级革命事业接班人"的德育目标定位催生出越来越多的同质个体,而使异质个体逐渐丧失。这种强调集体而排斥个人的价值理念,在割裂了个人与集体的矛盾关系后,最终实现的是对集体主义政治化的理解和对学校德育"异质化"的践踏。学生的异质性被掩盖在千篇一律的道德要求之下,培养出来的个体有"同质的行为",说"同质的言语",却丧失了独立见解的行为意识。这种道德教育忽视了学生的年龄差异、思想觉悟的高低,忽视了学生个体存在的多样性与能动性,按照工业生产"标准零件"的要求将整齐划一的思想政治教育、集体主义的道德信条强行灌输给学生,违背了教育即"使人看到对他有意义且又有吸引力的任务时,愿意亲自去解决"① 的主旨,导致学生主体性的丧失。而学校德育课程的沉闷,学习方式的刻板,理论与实践的脱离在逐渐泯灭德育多样性的同时,也加固了同质化的发展。

其次,单向服从的义务感培养。长期受传统儒家伦理道德思想影响的中国,"天下大同"的思维方式在人们头脑中根深蒂固。人从没被从整体中解放出来作为独立个体而存在。个体的权利意识在封建等级制度和礼教文化的世代传承中被消解,更何况是在集体主义价值观念统摄下的特殊时期。在集体主义作为日常生活道德规范的社会现实中,人的全部物质精神生活必须服从于集体,人长期处在牺牲"小我"而成就"大我"的道德金字塔的塔尖,过着"道德他律"而非"道德自律"的生活。从当时教科书中所列举的榜样人物便可窥见一斑,如从20世纪60年代开始一直持续的学习雷锋运动,反映在教科书上则是对雷锋同志感人事迹的介绍和宣传。颂扬他无私、无我的优秀品德,以具体、生动的事迹材料教育学生,在当时无疑激发了学生的道德情感,激励他们争先效仿雷锋的思想行为。雷锋精神值得学习,但被"圣化"了的雷锋行为却让人遥不可及。学生在效仿的同时感觉到了与榜样之间的距离,陌生感、对榜样的质疑悄然而生。"学雷锋促进的德育内容的纯化,在发挥积极的社会作用的同时,也使个人崇拜、突出政治、强化阶级斗争和敌我对立情感,达到盲从的地步;过于理想化的人生观教育,脱离现实的共产主义精神,使德育日益疏离现实,成为一种纯粹提升精神境界的活动。"② 这一时期,教科书中所选择的道德榜样似乎都是高高在上,常人无法企及的。学生们在理解榜样所具有的集体主义道德精神的同时,又因距离过远而对榜样产生了怀疑。因而,德育观在以集体主义为主导的同时出现了异化的倾向。

---

① 维克托·弗洛姆的期望理论,转引自黄书光. 价值观念变迁中的中国德育改革[M]. 南京:江苏教育出版社,2008.
② 孙少平. 新中国德育五十年[M]. 福州:福建教育出版社,2002:93.

二、政治与道德教育的联姻

中华人民共和国成立初期到 1956 年，德育工作保持了与革命时期相一致的步调，取得了一定的成效。但受"左"倾思想的影响，德育观日渐异化，政治性的功能愈发明显。1957 年，毛泽东在《关于正确处理人民内部矛盾的问题》中指出："在知识分子和青年学生中间，最近一个时期，思想政治工作减弱了，出现了一些偏向。在一些人眼中，好像什么政治，什么祖国的前途、人类的理想，都没有关心的必要。……针对这种情况，现在需要加强思想政治工作。"[①] 随后，毛泽东又提出了"又红又专"的德育人才观的著名论断，要求政治与业务齐头并进，使得道德教育的政治化倾向更加凸显。1958 年 9 月，国务院颁布《关于教育工作的指示》，要求在学校中必须进行马列主义思想政治教育，培养教师和学生的工人阶级观点、集体观点和群众观点。[②] 进一步使道德教育偏离原有轨道的是"大跃进"和"浮夸风"。学校道德教育在政治运动的风向标下随风转动，德育成为政治斗争的工具，学生成为运动和斗争的牺牲品，此时的道德教育呈现出明显的政治化特征。

根据毛泽东提出的"我们的教育方针，应该使受教育者在德育、智育、体育几方面都得到发展，成为有社会主义觉悟的有文化的劳动者"[③]，学校德育在教育领域的调整中得到了正确的指导，较好地处理了与智育之间的关系，巩固了其在学校教育中的中心地位。步入 20 世纪 60 年代后，随着国际形势的变动，毛泽东为了防止国内的反革命动乱与和平演变，提出阶级斗争是长期的，刚刚取得成果的学校德育工作随之转向了"左"的轨道，喊出了一系列的"教育革命"新主张：青年上山下乡、精简课程、缩短学制等，学校德育一步步地被政治运动

---

① 中共中央文献编辑委员会. 毛泽东著作选读（下册）[M]. 北京：人民出版社，1986：780.
② 中共中央文献研究室. 建国以来重要文献选编（第 11 册）[M]. 北京：中央文献出版社，1995：490.
③ 中共中央文献编辑委员会. 毛泽东著作选读（下册）[M]. 北京：人民出版社，1986：781.

"占场"，道德教育泛政治化的雏形逐渐清晰。这一时期，政治成为主导德育的主要价值理念，"德育与政治教育成了同义语，只突出德育的政治功能，而德育的经济功能、文化功能、个性发展功能则被忽视。这种狭隘的偏见大大限制了人们教育的视野，也限制了德育作用的发挥。"[①]

以教育革命为导火索和战场的"文化大革命"，使教育遭受了断裂的震荡，发展的连续性被中断。此时的学校教育被中断，全国上下都在停课闹革命，搞串联，在火红的政治口号和疯狂的政治运动中走出了一批批的"红卫兵小将"，他们张口便是真理式的语录，抬手便毁"臭老九"的师道尊严，政治运动成了学校德育的替代品，全国都被笼罩在激进的思想和狂热的运动中。"文化大革命"时期教育对政治的绝对屈从，尤其是德育学科课程被政治运动所取代，使教育偏离了其本身的航道，出现了政治侵占教育的景象。

结合前面对德育学科课程变迁的梳理，再结合以上所述可以看出，在不同时期，虽然学校教育课程的内容和形式不相同，但都是随着社会形势的发展，配合不同时期任务而设置的，这在某种程度上可以理解为道德教育主动变革以确保它的社会功能而迎合社会发展的嬗变。德育课程过于频繁的变动也说明其自身缺乏稳定、延续的价值内涵。从课程标准的表述和教科书的编写上看，不同时期的德育课都重视政治、思想方面的理论灌输，德育的其他方面被忽视。"文化大革命"期间的学校德育表现到极致，课程服务于政治运动的需要，"语录""运动""批判"充斥着当时的德育学科课程，在强大的政治面前德育的文化性、生活性不断式微，德育压倒智育便是"政治挂帅"的最终结果。集体主义精神、义务感的培养，无产阶级事业接班人的塑造，使得德育教育在政治性的价值引导下让个体的主体性严重缺失。当道德教育的场域被主流价值观念所侵占，德育变成工具之时，学生的青春躁动被点燃，造就了一批没有了主体判断性的造反大军，不分是非、颠倒黑白，用假大空的虚伪道德掩盖了真善美的和谐本质，导致主体道德意识背离主体实践，国家建设在高昂的政治口号中遭受重创。

---

① 孙少平. 新中国德育五十年 [M]. 福州：福建教育出版社，2002：99.

第三节 回归本体的德育观

如前所述，无论德育观的变迁遵循何等演变脉络，在德育观统摄之下的社会教化和学校教育全部遵循一个共有的恒定路径，即都是将道德教育建立在对人性的改造基础之上的，改造的途径乃是自上而下的道德教化和整体性的政治控制与道德规训。而前面已阐明，道德教育企图改造人性的狂妄使道德教育必然遭遇枉然的尴尬境遇。道德教育在经历了此前"文化大革命"时期的畸形发展之后，历史的滚滚车轮将道德教育载入改革的画卷之中。与经济体制上的改革相伴随的必是思想的开放和价值观念的多元化，各路思想和价值观念自然也不可避免地沿着中国的开放之门纷至沓来。在国家意识形态面临重新整合的大背景之下，在多元价值观念的冲突和社会主流价值观念亟待重建的大环境之下，道德教育的价值取向如何避免价值断层以顺利实现"软着陆"成为摆在人们面前的重要课题。因为教育即生长，道德教育也是道德观念在人们的头脑中不断生长的过程，而生长是循序渐进的，是在既有生长的基础上不断地找寻新的生长点，不断使新的生长与既往的生长实现对接的过程，道德教育就是使主体在对既往道德观念认同的基础上不断使得新的道德观念与既往的认同实现在理论及价值上相对接的过程。因此，从生长的角度理解教育的话，道德教育中最担心的问题就是要防止"断裂感"的出现，"断裂感"的出现意味着主体需要在痛苦的挣扎中不断地找寻新的对接对象，如果能及时找寻到，则可实现在原有基础上继续生长，若找寻不到，则面临着人格分裂、价值断层的问题，主体在此时就会出现新的选择，很可能放弃既往的生长基础，而重新从别的地方开始新的生长。因此在改革开放之初，在由传统计划经济体制向市场经济体制过渡的过程中，我国社会产生了激烈的道德失落和价值冲突，"潘晓"的呐喊便是这种"失落"和"冲突"的明证。

所幸的是，随着国家意识形态的重新整合，人们从价值观念多元化的"米"字路口出发，开始踏上向社会主流价值观念聚合之路。道德教育作为意识形态功能实现的一种重要手段，它在价值取向上能否始终与意识形态所体现的核心价值保持同步发展，是其突破自身所面临的"围城"困境的重要条件与最优的路径选择。伴随着经济社会的不断发展，国家意识形态一直在致力于自身表达功能的不断拓展，其"人本主义"倾向日益明显。在国家意识形态统摄之下的道德教育才终于散发出对于普遍的人性予以关注的气息，在这样的语境下，道德教育也开始调整自身的发展思路，道德教育由整体性的政治控制和道德规训开始转向对个体生命的呵护和主体性的道德化育，经历了教育中人的主体性渐次凸显的变迁过程。表现在学校中，道德教育的"生本理念"不断被呼吁并渐次付诸实践，道德教育逐步转换到以"每一个人的发展"为旨意且以"一切人的发展"为终极指向的应然轨道上来，向着建构"真实的共同体"的目标出发，且在路口轻声地吟唱着"人"自己的歌谣，德育观呈现出向人的生活世界回归的趋势，但这一过程是渐变式的转换过程。

一、道德教育从形塑社会精英到培育现代公民的转型

随着改革开放的不断深入，社会主义现代化建设卓有成效。各领域的发展也随着改革的车轮不断前行。在学校里，人人谈论新科学，处处倡导新观念。一时间，关于如何培养"个性+特长"的人才讨论层出不穷。此时的青年学生，怀揣着对改革的美好构想，以积极、向上的心态在自身崇高理想的指引下满怀热情地参与各种社会事务，表现出对改革的关注和切实践行。他们不再盲从和迷信道德权威，不愿在传统道德观念的统摄下亦步亦趋的发展，以"潘晓"为代表的青年一代喊出了埋藏在内心深处的真实想法，反映了自身主体意识的觉醒。应该说，这种发展趋势如果能加以正确的引导，对青年学生现代价值观念的确立具有重要的意义。然而，随着国门打开而涌入的西方自由化思潮扰乱了青年学生的视线，一度"为个人主义正名""人的本质是自私的"等极端个人主义价值观泛

滥，加之学校德育又没跟上思想的变革，导致青年学生的世界观、人生观、价值观出现偏离，将个人价值与社会价值放在了对立的位置，在价值选择方面走向了极端。所以，邓小平在1989年的讲话中曾提到过，"这十年最大的失误就是教育，这里我主要是讲思想政治教育①"。

我们是否应该审视之前的德育目标的定位、德育行为的实施出现了缺失，是否让学生在"高、大、全"的德育目标前望而却步最终出现了思想和行为上的异化。我们培养的学生首先应该是一个合格的公民，然后才能成为国家建设的栋梁。对人才素质的要求应该更加"接地气"，更加符合人自身生存与发展的需要。于是，我们在教育领域进行了改变，针对德育学科课程的设置、课程标准的表述、教材内容的编排等都做了相应的调整。道德教育由之前的对培养社会精英的追求转向培养现代合格公民的意志上。

二、道德教育转向张扬主体性并倡扬共生性

进入20世纪90年代后，随着"三个有利于"价值判断标准的提出，人们的社会心理又经历了一次新的洗礼，一切创新与改革找到了根本依据，"社会价值的重心从高度政治化向以经济建设为中心的社会多元化转移"②。深受社会大环境影响的青年学生，在反思过去的同时试图在现实中找到自己正确的位置。他们以积极向上的心态调整自身的思想和行为，努力走出了极端个人主义的误区和阴霾，在道德价值取向上呈现出个人本位与社会本位兼顾的态势。他们不再像上一辈父母那样，将个人的前途和命运与国家的前途和命运牢系在一起，将社会的主流价值观念作为自我价值的终极选择，而是在适应社会与自我发展中，努力保持着社会利益与个人利益天平两端的平衡，在满足社会发展需要的同时实现着自我价值的提升。随着物质生活水平的不断提高，学生获取信息和知识的渠道增多，

---

① 邓小平. 邓小平文选（第三卷）[M]. 北京：人民出版社，1993：306.
② 黄书光. 价值观念变迁中的中国德育改革[M]. 南京：江苏教育出版社，2008：277.

以往"你传我接"的填鸭式的道德教育方式的弊端在时代发展的进程中逐渐显现,那种"教师讲、学生听"的灌输理论的做法与社会现实的宏大背景背道而驰。学生要求主体意识的迸发,要求理性、反思、批判。在和谐社会的构建过程中,"以人为本,以生为本"的理念深入人心,"双主体""主体间性"等名词进入了学校教育的视域。新一轮的基础教育课程改革在教师的教、学生的学、教材的编写等方面也为学生主体意识的展现和张扬提供了现实保障,学生开始独立地进行价值判断,真正使"实现人的自由全面发展"的思想从理念走向了实践。这一时期的道德教育的基调是回归本体,彰显主体性。道德教育逐渐从"无我"的境遇中走出,回归到"有我",而且是有丰富内涵的"我"的路径上来。但回归的路途并非平坦,在政治、经济、文化全球化的影响下,德育观呈多元化发展。被贴上"新新人类"标签的年轻一代高举"彰显主体性"的旗帜,追求时尚的服饰、前卫的风格,抱有"新、奇、特"的想法,说着"酷毙了"的语言,一时间,"我就是我""唯我独尊"的势头上扬。他们倡导知识与金钱并重,对传统道德嗤之以鼻,游走在多元的价值观念之间,言行不统一。他们一边高喊追求理想,但现实中却追求实惠;一面有真善美的道德认知,另一面却没有对诚信的良好坚持;一直期待建立和谐社会,却又不愿以约束自己去践行。在物质财富被极大满足的同时,反而深陷精神空虚、缺乏情感的泥潭,孤独感、寂寞感、不安全感增强成为当代人特别是年轻一代的现实写照。于是,关爱生命、关注他人、增强幸福感成为社会上下的一致价值追求,并且在国家的重大政治会议中被一次次地提及,"你幸福吗?"成为街头巷尾的流行语。我们不禁慨叹,在物质极大丰富的当下,人们却缺乏了"爱""尊重""关怀""幸福"等最初始的道德情感。那么,一直以来被放在各育首位的德育实效性体现在哪里,难道人们对道德的诉求要随着社会的发展进步而"返璞归真"吗?怎样使人从焦虑的生存状态中走出,去珍视生命、关爱生命成了社会亟待解决的问题。随着构建和谐社会理念的提出与践行,党和国家"以人为本"的执政理念深入到关乎民生的各个角落。关注个体的生命和生存状态,重新呼唤"爱、关怀、尊重、公正"等初始道德成为全社会的道德价值诉求。德育价值取向由关注主体个性的张扬走向了关注主体间的和谐共生，无论是"感动中国"人物的评选，抑或是"寻找最美孝心少年"，道德教育开始引导人们去思考有关人生终极意义的问题：人为什么而活，又应该怎样好好地活。在这个过程中，如何实现外在的、促进社会进步发展的社会价值观念与内在的、促进个体自身发展的个人价值观念的有效整合，从而实现人、自然、社会的和谐共生的发展成为我国道德教育应该思考的新问题。

综上所述，"文化大革命"时期以政治灌输、说理教化的方式进行的道德教育，使人的主体性遗失了多年，整个社会上演的是整齐划一的团体操。进入社会发展的新时期之后，个体的主体性被找回，主体个性的张扬获得了合适的场域，"自我"的获释不仅是历史性的突破而且印证了人类社会的进步。但一度过分张扬的"自我"又导致了"唯我独尊"的状态，这种状态如不加以遏制，一味地强调主体的不受限制，极容易异形为极端个人主义，也偏离主体性的真正意旨越来越远。从我国德育观的历史嬗变过程来看，每一阶段所呈现出的价值取向都是规训说教与突破超越两股力量斗争的展开和表现。当规训说教的力量占据上风的时候，德育观以集体主义和泛政治化（中华人民共和国成立后至"文化大革命"结束）的形象出现在人们面前。而当规训说教的力量逐渐衰退，突破超越的力量占据上风的时候，德育观便以个人主义（五四时期）和回归主体（改革开放以来）的形象出现在人们面前。而当突破超越的力量占据绝对优势的时候，恰恰印证了人性可以改变的客观事实。因此，秉持和谐共生的道德教育理念，构建可持续发展的道德教育思维方式，走进生活，关注生命，塑造具有生态智慧和生态意识的道德个体才是未来德育的应然使命。

第四章

"和谐共生"视阈下生态德育
之建构：可能性及其限度

第四章
"和谐共生"视阈下生态德育之建构：可能性及其限度

第一节　审视现实：道德教育的已然与实然境况

从我国道德教育的发展轨迹来看，学校各育中的首席位置一贯被德育所占据，而且随着不同时期核心工作任务的侧重点不同，德育也曾被主观地泛化、强调，但主观的意愿也未必会左右学校的教育实践。在学生的命运与分数和考试息息相关的应试教育体制下，难以以具体分数来评价的"道德"在各种选拔性的考试面前不断式微，在不起眼的小角落里备受冷落。由于应试教育的晕轮效应，重智轻德成了社会的主流风气和价值导向。社会、学校、家庭忽视个体道德人格养成和道德品格发展的行为成了现实写照。更为尴尬的是，在高喊"德育首位"口号的同时，学校内外各种不道德或伪道德的行为比比皆是。

被冠以"颓废一代"之名的当代青少年的道德素质的诸多欠缺，有社会环境和家庭教育的原因，但究其根本，学校道德教育难辞其咎。除了德育观的嬗变引起的以及不可抗拒的社会道德环境的恶化所致的，需要我们理性分析和判断的是：是否道德教育过程本身就掺杂了一些不道德的因素？是否学校道德教育存在根本道德价值的缺失？现实的学校道德教育秉承的是"填鸭式"的道德灌输模式，"无论从理论或实践两方面看，我国的道德教育从主流方面至今还处在一种传统的模式之中。这种模式把道德教育的过程仅仅看作是对学生施加外部道德影响的过程，而所施加的道德影响又主要是既定的道德规范，强调的是学生符合规范的行为习惯的养成。"① 这种"填鸭式"的德育模式使得道德理论的强化与道德行为的失效形成强烈的反差，道德教育实效性突显的不强。学校道德教育实效性不强突出地反映在它在社会发展和学生个体发展过程中所处的"夹生"位置，即学校道德教育既没能为社会的改革与发展提供所需的价值导向，又在教育过程中违背了学生的身心实际和道德发展规律，没能为学生的道德素质的提升提供有效的能量。因而，学校德育有了当下的尴尬境地。具体表现为如下几个方面。

一、德育目标设置脱离实际

我国的基础教育在一定程度上仍然沿用的是精英教育的传统模式，在道德教育中则表现为重视思想政治教育而忽视道德养成教育，关注德性修养而忽视原初道德，使学校道德教育变成一种"少德"的德育。一直以来，学校德育忽视原初道德素质的培养，设置的德育目标追求"高、大、全"。这样的德育目标崇尚理想化，脱离了学生的思想品德实际和生活实际，使一些最基础的道德价值标准被忽视。例如，在先前的中小学德育学科课程中曾向学生提出"爱祖国、爱人民"以及"做共产主义革命事业接班人"等要求，试问如此高的德育目标，教育者有几人能达到，何况学生乎？即使学生能把各种道德原理烂熟于心、倒背如流，却未融为深入骨髓的道德品质，日积月累，一群言行不一、满嘴假大空的"道德躯壳"便从学校这座道德生产车间走出。事实上，学校的道德教育应该以学生个体基础道德素养的形成为基本目标，在此基础上，分层次地设置德育目标，这样才能使道德教育与思想教育和政治教育一起，在受教育者的道德品质发

---

① 鲁洁. 人对人的理解：道德教育的基础——道德教育当代转型的思考 [J]. 教育研究，2000（7）：3.

展中相得益彰。

二、德育内容相对滞后

当下由于社会各种竞争的不断加剧，对学生的心理素质提出了一定的要求。而多为独生子女的青年学生面对日益激烈的竞争，他们的个性心理却不能尽如人意。社会和科技的进步要求学生有生活意识、网络意识、生态意识等主体意识与之相适应，而我国的学校道德教育一直用传统的理念来安排德育内容，将爱国主义教育、集体主义教育、理想教育等内容作为学校德育的主要课程。在新课程改革后，虽然逐渐关注到学生的个性心理品质的发展，将学生的生活纳入德育的视野，但在教育实践中却没能得到充分地贯彻，对于那些反映时代特征的道德领域如生态道德、网络道德等内容也没有被提及。由于德育教科书发展的滞后性，许多新鲜问题未能被及时纳入课本中，导致了学校的德育内容繁、难、偏、旧，与学生的生活实际有一定的距离。而且，翻看不同时期的德育教科书可以发现，书中颂扬的大多是榜样、楷模的英雄事迹，向受教育者传送着正能量，而对生活中的不道德现象涉及得很少。另外，由于一些教师自身的能力有限，他们在课堂上只讲理想中的真、善、美，而回避容易引起争议的现实中的假、恶、丑，当学生的理想世界与其生活的现实世界发生冲突的时候，他们便茫然不知所措，甚至思想被污浊。

三、德育方法单一、途径封闭

尽管学校高扬"德育第一"的旗帜，但在现实中重智育而轻德育的现象在学校的教育体系中很是普遍。究其原因，还要归结于基础教育"升学"思想的价值导向。虽然素质教育在我国已经推行了多年，但"教育=升学"的影响一直挥之不去。在基础教育中，由于升学这一价值取向的影响，德育学科课程的时间、空间经常被恶性膨胀的智育学科所排挤，正常课程计划的实施得不到保证。德育学科课程教师的地位比较低，该课程被认为是谁都能上的课。另外，在学校教育中，各科教师都抱着"自扫门前雪"的态度，把学生的道德教育问题划到了德育学科课程教师和班主任的门前，他们只关注所教学科的成绩，不关心所教授对象的品德，对学生的道德教育没有联动。然而，教育不能等同于升学，教育是一种积淀，学生通过接受教育而积淀那些对其终身发展至关重要的核心内容。因此，学校教育应该转变观念，不要打着"素质教育"的幌子而行"应试教育"之道，应该将促进学生全面发展的素质教育落到实处。培养出的学生既要有知识、有能力、有创新思想和开拓精神，还要有崇高的道德理想和高尚的道德品质。只有这样，学校教育才能摘掉"应试"的帽子，才能真正做到为学生的终身发展和可持续发展服务。

学校道德教育的途径也相对封闭，德育工作未能有效利用富有德育素材的"社会"这个大课堂，学校和社会缺少沟通。社会、学校、家庭对学生的教育要求也不一致，教育力量分散甚至教育作用相反，学校教育的积极影响往往被家长的一句话或是影视作品中的一个镜头所抵消，最终致使学校德育的低效或无效。由此可见，提高学校道德教育的实效性，社会与家庭的力量不可忽视。如果将学校德育的视阈扩大至社会、家庭，三者有机结合，相互沟通、相互协调，使其形成教育的合力，德育的实效性也必然得以提升。

四、德育评价方式重理论而轻践行

从目前学校道德教育的情况看，能将道德知识倒背如流并在考试中取得高分的大有人在，而真正能将背熟的道德知识转化成道德行为去践行的却寥寥无几。知行不统一这种情况的发生与当前德育评价方式过于重视文本的考核而忽视学生日常道德行为的表现有直接的关系。由于考试这根"指挥棒"的引导，学生凭借烂熟于胸的标准答案就可获得高分。但在高分背后的现实生活中，却仍可以不诚实、不守信，出现与"标准答案"相悖离的不道德行为。这样的结果难道不值得人们反思吗？就如印在试卷上的以 N 多种学校不道德行为为选项的选择题，百分之一百的学生都能将不道德行为挑出，但百分之一百的不道德行为哪个又不是由学生所为呢？难道能熟练背诵《中学生行为守则》的学生的道德品质就一定高尚吗？由于人性的复杂，我们无法用量化的方式去评判一个人道德品质的好与坏。仅仅通过考试的方式去考评学生的思想品德也是不科学的。在素质教育大行其道的今天，学校道德教育的目光也应该从关注道德知识的学习转向关注道德行为的养成上，全方位、多角度地对学生的道德行为进行评价，使道德知识真正转化为学生的道德行为并加以践行。

回顾半个多世纪以来中国道德教育的课程设置、教材编写、标准编制、师资配备的历史演变，以及支撑这些具体操作的德育观的历史嬗变，一个基本的结论是，我们尽管曾经历了用阶级、政治、阶级政治教育替代道德教育，也曾努力用实用主义和技能主义教育替代阶级政治教育的历程，不可否认，这种阶级教育和实用教育无疑是不完整的、有缺陷的，但它们都是人们在特定的历史场域下做出的选择，认知与情感上的缺陷无非是社会缺陷的主观形态。近十几年来，人们已经充分地反思和批判了这种有着明显缺陷的德育观及其指导下的道德教育实践。人们在努力建构一个有利于个体之心智健全、促进人的发展和社会进步的德育观及其指导下的道德教育实践，包括课程设置、课标制定、效果评估等具体事项。但这绝非易事，需要艰深的理论反思、反复的学术讨论。一种应然的生态德育到底具有怎样的内部结构，一种和谐的心灵秩序由何种要素构成，一种利于此种德性结构和心灵秩序的人文环境该如何建设，等等，都需要做深入研究。

第二节 观照当代：和谐社会中道德教育的应然使命

道德教育的理想化状态是各国德育改革的终极目标。随着全球化向纵深发展，每个国家都在积极地更新着各自的道德教育理念，改变着不理想的德育模式，以便能更得心应手地适应人与社会的不断发展。教育为人类带来了文明的火种，也在源源不断地为社会的发展输送着甘泉。从早期教育家们对理想教育的探寻，到后继者对个体全面、自由发展观念的倡扬，教育始终伴随着社会的不断变迁，并以不断地反思与突破来寻求与社会发展的和谐关系。道德教育是教育领域中指向个体和谐发展的教育，它也在教育的改革与发展的轨道中以自身的变革来寻求与社会和谐共生的契合点，背负着和谐社会赋予它的全新的历史使命。

一、建构和谐的道德关系构架

党的十六届四中全会提出构建"社会主义和谐社会"的新主张，为教育领域特别是学校道德教育的发展指明了前行的方向。"和谐社会"新主张的提出，反映了人与自然、人与社会、自然与社会为谋求共同发展的内在要求。随着全球化影响的日益加深，随着先进科技的不断创新，人、自然、社会三者之间出现了不可调和的矛盾。人类在追求自身进步和发展的同时，对自然造成的严重破坏不可估量，进而为自身与社会的继续发展设置了羁绊。日渐增多的环境问题对人类的生存提出了挑战，如何构建人与自然和谐共生的关系引发了人们的深思。以培养人的道德品质为己任的道德教育更应该重新思考"培养什么样的人，怎样培养人"这个关系人与自然和谐关系构建的根本问题，以自身的改革实现和谐共生关系的建构及推动和谐社会的发展。

学校的德育工作作为一种理想层面的教育实践形式受到社会与现实生活的种种制约，理想无法脱离现实生活。将道德理想转化为道德现实是这种教育活动的真正指向，而实现对现实的突破与超越才是这种教育活动的最终归宿。学校的道德教育应该将落脚点置于我国实然的社会现实中，但又要实现对实然现实的超越，亦即以构建和谐社会的视角来考量自身的改革与发展方向，构建符合和谐共生理念的德育理论体系与实践体系。在建立和谐社会的大气候下考虑学校道德教育的改革问题，是由二者"斩不断"的关系决定的，和谐社会的建构以无数"社会人"之间良好的道德关系的架构为基础，而培养和谐的"社会人"有赖于学校道德教育作用的发挥。因而，和谐社会与道德教育互相促进，相辅相成。

和谐与不和谐是对立统一的矛盾体，自然界与人类社会时时处处都在谱写着和谐与不和谐的篇章。人类只关注自身的和谐发展，却对自然与社会的和谐发展不够重视。道德教育所推崇的"和谐"既观照了个体自身的全面和谐发展，同时也为人与自然、人与社会的共生共长提供了奠基性的支持。而道德教育本身也呈现出和谐的特质，德育自身的和谐性表现在教育主体与主体之间、教育主体与教育客体之间的"和谐"关系上。倡扬和谐德育以满足构建和谐社会的需要，首要任务就是要解决人自身的和谐问题，以塑造健全的人格作为目标，用培养出的具有完整人格的"道德人"来拯救日渐严峻的社会危机。归根结底，自然与社会的可持续发展有赖于人，而人的道德素质的高低影响着人的实际行动。因此，"和谐人"的培养与"和谐道德关系"的架构为和谐社会的建立及人与自然、人与社会的可持续发展提供了良好条件。

二、树立相对合理的德育观

科学发展观与和谐社会相伴而生，它不仅对推进社会发展进程有重大的理论意义，而且对深化教育领域的改革有深远的指导作用。德育要摆脱困境，探寻一条新的发展道路，根本上是要树立德育的科学发展观，就是要明确德育发展问题的观点和看法。德育只有将自身发展问题解决好，才能谈得上对人和社会的和谐发展起推波助澜的作用。影响德育自身发展的问题主要集中在德育与其他各育以及德育内部诸要素之间的关系问题上。

首先，德育与其他各育要兼容并包。在前面的论述中曾经提到，德育培养目标经历了从"接班人"到"合格公民"的变迁历程。无论是"接班人"也好，抑或是"合格公民"也罢，都对学生综合素质的全面发展提出了要求。学生不仅要有丰富的知识，还要有强健的体魄、过硬的心理素质以及良好的道德品质，这些均依赖德、智、体、美等各育的共同作用。德育位于学校诸育中的首位，只有让德育与其他各育同舟共济，才能发挥德育的最大功效。目前学校道德教育的缺失之一就在于德育与其他各育的过分疏离，既分散了教育的合力，也打破了德育应有的整体性。因为"道德教育本质上是人格的、生命的、完整生活质量的教育，这种教育是不可能离开智育、美育等其他各育的。它必须依托其他各育而存在，以诸育为载体，而且诸育也应该渗透着道德教育。"①

其次，德育内部各要素之间应协同发展。我国学校道德教育所面对的自身发展问题，不仅有其与其他诸育关系的不和谐问题，而且也有其内部各要素之间没能协同发展方面的问题。学校德育作为一个系统，其内部各要素的协同保证了该系统功能最优化的发挥，同时各要素间的协调运作也为系统的健康运行提供了良性支持，以此来保证德育能够和谐、稳定、富有生机地发展。如果德育系统内部的这种协调运作关系被打破，来自内部的矛盾冲突就会让德育的发展步履维艰。一直以来，我国学校德育学科课程的目标和教学内容的设置偏离学生的身心发展实际，常常本末倒置，在中小学对学生进行集体主义、共产主义的道德教育，而在大学则对学生进行浅显的日常道德行为规范的教育。在德育目标的设置上过于理想化，追求"高、大、全"，德育的途径与方法过于单一和陈旧，德育内容不贴近现实生活，更新的步伐没能跟上社会道德现实的变迁，这些在很大程度上都阻碍了德育的发展，使其长期处于"低效"或"无效"的境地。此外，德育的主体与客体之间、作为德育主渠道的学校课堂与社会课堂之间、社会对个体的道德要求与个体自身的道德需求之间均存在着不和谐的因素，要解决这些不和谐因素，就必须先从内部协调好各要素的关系，顺应德育自身的发展规律。

三、构建人本性和专业性相结合的模式

德育的教育对象是人，这种教育在本质上要求以人为本。一直以来的德育过程中，不是德育的内容和形式去观照受教育者，而是受教育者反向地迎合德育的内容和形式。德育往往被高高地放在与人对立的位置，使人的主体地位遭受严重地扼杀，自我意识被封存，长期处于盲从的状态。应该说，德育较之其他各育更应关注人的主体性，关注个体的自我意识的觉醒。因此，倡扬人的主体性，唤醒

---

① 朱小蔓. 教育的问题与挑战——思想的回应［M］. 南京：南京师范大学出版社，2000：287.

个体自觉，呈现人本性的特点，是我国学校德育应该勇敢去正视的问题。道德教育的对象是复杂的、丰富的、具有独立人格的人，德育作为塑造精神、净化灵魂的一种教育，理应以人为本，尊重个性，以使其不必在社会的变迁中沦为政治的附庸或统治阶级的工具。目前，"人本主义已成为世界道德教育以及全部教育思想和理论基础的重要组成部分，教育本体已从知识本位转向智力本体又演变为人性本体。"[1] 我国逐步进行的德育学科课程改革也开始立足于学生的发展，为学生主体性的彰显创造机会和情境。例如，有些学校开展"生本"教育，把课堂交还给学生，让学生真切体悟自主教育的氛围和感受。还有些学校组织多种多样的社会实践活动，让学生在实际践行中去建构德性。因此，只有关注主体，关注主体的人本性，将有主体自我意识的学生作为德育过程的主体才能完成德育"塑造人"的使命。

德育除了要坚持以人为本的理念，还要意识到德育本身是一门科学，一门专业性很强的科学，除了其特有的概念范畴外，它还有着严密的专业理论体系。尽管德育这门学科的专业化发展还没有达到成熟的顶峰，但它目前的发展状态是其朝着专业化顶峰大步前行的有力证明。从目前我国德育学科课程改革与发展的现实情况看，随着改革范围的不断扩大，改革力度的不断加强，越来越多的问题与专业性结合在一起突显出来。比如，改革过程中出现的教师专业素养和专业化发展问题、专业化教学内容的及时更新问题、专业课程资源的开发与利用问题等。可见，重视德育学科的专业性，有利于规范德育朝着有序、健康的方向发展。正如英国道德教育理论家威尔逊所认为的那样，将道德作为一门独立的学科来开设，它的专业逻辑体系与语文、数学、外语等其他学科必然不同。因为道德教育的目标是要实现整个人的发展，而不是只发展人的某一个或某几个方面。因此，学校道德教育应努力构建人本性与专业性相结合的发展模式。

---

[1] 冯增俊. 当代西方学校道德教育 [M]. 广州：广东教育出版社，1993：465.

四、直面学生的全面发展与社会的可持续发展

教育是培养人的事业，具有一定的预见性和前瞻性。学生文化素质的高低、道德品质的优劣直接决定着我国在国际竞争中的成败，同时也决定着建设小康社会和构建和谐社会的目标能否实现。学校的道德教育指向要面向未来，指的是要面向学生全面发展的未来与社会可持续发展的未来。未来的世界是物质、精神极大发展的世界，不同思想与观念的碰撞萌生各种理论知识的创新。教育作为培养人才、造就人才的摇篮，为创新提供了适应的环境且为其应用提供了基地。德育的创新是教育面向未来的必然趋势，德育要有一定的超前性，走在社会发展的前面去审视德育应该培养具备哪些素质的人才，避免产生德育滞后、随波逐流的尴尬局面。

实现人的全面发展和社会的可持续发展是教育的终极目标，也是德育的不断追求。人与社会的发展是相互促进、不可分割的，人越是能够得到全面的发展，其改造世界的主动性和积极性越强，创造的物质和精神财富也就进一步促进了人的发展。如此循环往复，便实现了人与社会的全面与可持续的发展。德育关注的是人的精神与灵魂的塑造，关注人的生命意义与生存价值，通过唤醒人们灵魂深处的健康、积极的道德自觉，使人能够成为具有高尚的道德人格和崇高的道德境界的主体，并引导社会和谐、健康的发展。

秉持"和谐共生"的理念来审视当前学校道德教育的应然使命，引发了一系列全新的认识和更加深入的思考。学校道德教育应该深刻领会"和谐"的精髓，以其为指向引导自身的变革。当然，仅仅依靠学校的力量不能从根本上解决问题，还需要整个教育系统甚至整个社会的倾力相助，共同完成时代赋予道德教育的使命。

第三节 面向未来：生态德育的探寻与建构

我国传统的道德教育突出德育的约束性与规范性，强调个体对集体利益的服从，关注如何将社会的道德要求转化为个体的道德思想与道德行为，掩盖了德育对人自我发展与自我实现的积极意义。这种重视德育的社会功能而忽视德育个体功能的思维扭曲了德育的真正本质，出现了以社会道德要求为标准设置德育培养目标的情况，导致人们经常用是否符合"社会要求"的一元标准去评价一个人的道德行为，强调个体对社会的绝对服从，以"无私""奉献"为标尺去衡量每一个人。于是，人们面临困窘的境遇：社会的道德要求与人们现存的道德水平差距甚大，祖国的明天交给了"道德怅惘"的一代。因此，要改变学校道德教育的现实状态，提升道德教育的效能，树立全新的德育思维模式，特别是要形成一种新的价值观念来引领和规范未来我国德育改革与发展的方向。

随着我国现代化进程的不断加快，人们秉承的传统道德观念遭受着巨大的冲击。人、自然、社会之间为谋求各自的发展而造成的各种矛盾、冲突推生出新的思维方式和新的观念，以可持续发展为本质特征的"生态观念"作为全新的意识出现在世人面前。社会的可持续发展依赖于人的可持续发展，而人的可持续发展需要经过教育这一过程才能实现。正如康德所说："人只有靠教育才能成人，人完全是教育的结果。"[①] 将生态理念引入教育领域，不仅拓宽了教育的视域，而且为对人的可持续发展起至关作用的道德教育开启了一种新的价值取向，即生态德育。将生态道德问题划归到道德教育体系中，由追求个体德性的可持续发展到追求人的可持续发展，最终到实现人、自然、社会的和谐共生的可持续发展，实现道德教育的终极追求。因此，笔者尝试着从生态学的视角去审视未来德育的

---

① 康德. 康德教育论[M]. 瞿菊农, 译. 北京: 商务印书馆, 1930: 5.

发展趋势，提出"生态德育"这一新的价值取向，从理论与实践两个层面去搭建生态德育的理论框架和实践路径，仍希望对未来的德育改革提供一些参考和借鉴。

一、生态德育的理论探寻

对于生态的研究，早在一百多年前就已经开始了。1869年，德国生物学家海克尔（Haeckel）首次提出了生态学的概念。随后，生态学从一个纯粹的自然科学的概念逐渐向人文学科渗透，跳出了自然科学的绝对范畴。1976年，美国哥伦比亚大学师范学院院长劳伦斯·A·克雷明（lawrence A. Cremin）在其《公共教育》一书中对"教育生态学"加以论证。至此，生态学走进了教育领域并逐渐渗透到教育的分支学科。

当可持续发展成为影响全球发展的重要议题时，"生态"理念受到了格外的关注。1992年联合国环境大会在斯德哥尔摩召开，大会通过《斯德哥尔摩人类环境宣言》，向世人告知人类已然进入提倡环境意识和生态道德的新的发展时期。教育是实现生态道德培养的主要途径，教育与生态道德的融合使生态德育这种全新的德育理念应运而生。

（一）生态德育的理论定位

从学理上来说，将生态学的理论引入德育，决定了这种德育价值观念是一种全新的德育取向，它是对人际德育的继承与超越。"人际德育"是在工业革命时期形成的一种德育理念，核心是关注人与人之间的关系，德性的视野停留在人本身。生态德育冲破了人际德育的单一视界，它将人与其周围的自然与社会联系起来，诉求基于人与"周围世界"的可持续发展而建构的各种道德关系。这种内隐着生态旨趣的教育活动不是单纯意义上的生态伦理或生态道德，而是超越伦理或道德范畴的一种理论与实践指向，是代表未来的价值取向。因此，"它是指教育者从人与自然相互依存、和睦相处和互惠共生的生态观出发，启发、引导受教育者为了人类的长远利益和更好地享用自然、享受生活，自觉养成关心爱护自然环境和生态系统的生态保护意识、思想觉悟和相应的道德文明习惯。它要在受教育者思想上树立一种崭新的人生观、自然观,合理调节人与自然的关系,有意识地调控人对自然的盲目行为。"[①] 相比较而言,生态德育站在一个更高远、更广阔的视角去审视人际行为,对人际关系的观照突破了人际德育的单一狭隘性,它在人与人之间关系的处理上,将纵向的视角提升到"个人与整个人类"以及"本代人与后代人"之间,将横向的视角提升到"个人与他人"以及"本民族与他民族"之间。在纵向上,生态德育要求个人不但要关注自身眼前的利益,同时更要思考并顾及整个人类进步与发展的长远利益;不仅要关心本代人的幸福,更要考虑后代人的长久幸福。在横向上,它引导个人在重视自身利益和本民族利益实现的同时,要虑及他人的利益和其他民族的利益,实现利益的共同发展。因此,生态德育倡扬的是"和谐共生""平等互惠""可持续发展"的价值取向。

生态德育是德育观的一次革新性变革,它为人们探寻隐藏在人际德育视界"盲区"的一些道德问题提供了一种全新的视角。就如人际德育的观点认为人与自然、人与他类之间超出人与人之间关系的德性问题不属于道德范畴,不必按照道德规范去执行一样,在人类追求自身的利益与享受的过程中实施了砍伐森林、围剿动物等破坏生态平衡的陋行。可悲的是,在人类社会不断寻求文明、逐渐走近文明的时候,人们并没有将这些陋行列入"反道德"的行列,反而将其视为可以提升幸福的行为进行推崇,违背了"万物育而不相害"的生态意旨。而生态德育以和谐共生的视角重新审视人类的行为,通过一系列真切的教育活动让受教育者体悟到人类与自然以及人类与其他族群之间是一种相互依存、共谋利益的"共生"关系。人类对自然界以及其他族群的伤害,虽然可以获得短暂的一时之快,但在快乐之后面对自然界与其他族群的报复之时,子孙后代就要受到不同程度的伤害,甚至整个人类的长远利益也将在人与他物的博弈中被迫牺牲。生态德育作为一种指导德育工作的崭新的价值观念,关注教育过程的"生态创生",运用全新的生态道德规范激发学生及成人的生态认识,启迪他们的智慧,并且帮助他们形成一定的在生态世界中生活的能力,进而寻回德育本原的魅力。这种德育观的旨趣在于探寻并建构某种契合生态德育理念的关系架构,力争使受教育者的

---

① 刘惊铎. 生态德育是一种新德育观 [J]. 新华文摘, 1999 (1): 200.

德性基本素养从"尽人之性"提升到"尽物之性",最终实现"可以赞天地之化育"的境地。

(二) 生态德育的特征

由于历史背景和基本范畴的不同,生态德育在存在与价值的特性上呈现出与人际德育明显的不同。它所统摄的视角要更高,无论是理论目标还是实践路径都比人际德育要高远、宽广。于是,也就形成了一些独特的基本特征。对生态德育的基本特征进行探索,有着深远的理论和实践方面的价值和意义。

第一,价值取向上的前瞻性。生态德育突破了人际德育单一狭隘的理论视界,从人类社会与自然界发展规律的前瞻视角去审视人类自身存在的合理性以及继续发展的可能性。它重新评价了人的种种现实表现的道德意味,使其能够逐渐抛弃统摄自然的勇敢性与自豪感等"伪道德"的价值诉求,自觉养成与自然和谐互惠、共谋发展的生态道德品性。同时,生态德育引导受教育者体悟自然是人类赖以生存与发展的土壤,人对自然的过度损害,势必要将人类的发展推向"无源之水,无本之木"的窘境。20 世纪初,一些相关组织和学者对人们一直以来秉持的人支配自然、人主宰自然的哲学思想产生疑问,并开始将道德研究的触角逐渐从仅对人的探索向对其他物的探索延伸,在宽广的生态视阈下,从不同的角度提出了多种生态道德思想,并倡导人类应该以文明的方式、道德的方式去重新适应自然,相应地也得到自然重新地认可和接受。如此种种,生态德育无论从理论视域还是在实践指向上,都更加重视向受教育者传递能体现人类、自然、他类"主体性"的生态意识,使人的生态智慧受到启迪。

第二,德育过程的导引性。生态德育立足于当前人类社会需要迫切解决的,但仍未被人们完全洞察到的一些敏感问题、棘手问题,它以中华民族传统道德中的古代朴素生态意识为基础发展起来。早在古代,人们的思想中就存在着生态意识,古人对生命的尊重和崇拜,"天人合一""道法自然"的哲学思想等都是早期人们具有生态意识的具体体现。遗憾的是,这些原始的古朴的生态理念常常以哲学"作品"的形式在理论界被人们进行着合理与否的论证,并没有被纳入道德教育的理论与实践体系，致使学校德育在接受德育理念的指导时对生态理念的践行非常有限，而对受教育者在生态意识的唤醒和生态智慧的生成等方面的培养也相当贫弱，教育学生具有"与天斗、与地斗，其乐无穷"的勇敢精神成为中国近现代学校德育的价值追求。于是，便出现了如对"大跃进"中无限度损害自然的行为予以肯定的"反道德"现象。生态德育的意旨是要培养受教育者具有全局的视野，引导受教育者理解生命与生存的意义，珍爱生命，关爱他人，使受教育者学会关注影响人与人、人与自然、人与社会的可持续发展的重要命题。

第三，德性养成上的类主体性。之前，中央电视台开启了"家风"的全民热议，从一个家风对人们品德形成的影响中可以看出，个体道德的成长是受周围"联系人"的德性状态的影响和制约的。如果"联系人"的品德一般或者低下，受教育者也许是因为群体的趋同性而会下意识地选择降低自身的道德水平，而去契合或者低于"联系人"的德性水平。于是，经常出现学生面对价值多元的社会时，在学校里筑起的"道德围墙"倒塌，呈现学校德育的效果被社会影响抹杀的状况。家庭生活对德育的影响也很大，社会上流行这样一个公式："5+2=0"，就是说受教育者在学校接受的五天的道德教育可以在两天的家庭生活中被消磨为"0"。可见，在人际德育中，学校德育的实际运行效果受到了社会、家庭的制约，往往表现出受教育者的主体德性不稳定的特征。而在生态德育中，受教育者交往的对象扩展至大自然。自然界"恬淡为上，胜而不美"的风格对受教育者是一种无形的教育，受教育者在践行与自然的关系时，寻求着与自然的协调发展，其德性的提升没有局限。另外，生态德育的视阈不再囿于本国家与本民族狭隘意识的传递上，它将视角聚焦在整个人类长足发展的关键问题上，指导受教育者要清醒地认识到为了实现全人类的共同利益，国与国之间、民族与民族之间需要搁置思想观念、价值选择等方面的差异而共同合作。生态德育注重引导受教育者领悟人类与他类之间的和谐、互惠、共生的关系，培养受教育者树立自己是"地球村"中一员的生态意识，使受教育者养成崇高的生态道德品性，进而彻底摆脱人际德育理念的控制，实现道德价值诉求的完全蜕变。

第四，内容传递上的多样性。人类在其日常的生活交往中形成了"人—人"关系与"人—自然"关系。事实证明，儿童常常选择在没有任何压力的氛围中与人对话和接触，更愿意选择全身心地接触自然。而且，在儿童世界中的人与人之间的交往活动，经常是在美好的自然环境中进行的。例如，儿童探索自然的游戏，伙伴儿们之间的分工与合作就是在山水秀丽、草木丛生的大自然中展开的。如果学校或家庭将儿童局限在与自然隔离的"人际真空地带"，儿童则会表现出一系列的腻烦、焦躁的行为。在人际德育中，教育活动被囿于人与人之间关系的处理上，忽视了对自然界这个隐藏着大量丰富的德育资源的利用与开发，人与自然的关系没有得到应有的重视。生态德育则不然，它不仅充分利用了人际德育在处理人与人之间关系上积淀的宝贵经验，利用大自然中山明水秀、草木葱茏等极富美感的道德教育资源去满足人们热爱自然、享受自然的真实的本能要求，使德育所传递的内容丰富多样。受教育者在享受秀美风光，获得来自自然的道德陶冶的同时，不免要滋生回馈自然、保护自然的道德意识。

综上可知，生态德育不仅是一种崭新的德育观，而且是在经过对传统德育"去伪存真"之后形成的一种全新的德育模式。它尝试着将人类自身、人与自然关系中长期未能解释或者尚未确定的一些迫切性问题的认识和解决纳入道德教育的视阈中，摆脱"封闭僵化的老路"，而以新的德育理论和新的工作思路去培养一代具有可持续发展意识的现代人。"德育存在的价值是什么？"对这个问题的探讨到今天已经有了一个较为统一的共识，就其存在的价值而言，德育的价值特性明显地表现在它的前瞻性与超越性。当下我国德育的现实状态凸显了许多负面效应，青年一代对它的态度很冷漠。如果德育还不能及时地突破其自身的藩篱与桎梏，突出其超前导向的特性，就极有可能被人类社会前行的滚滚车轮所遗弃。所以，从生态的视角重新理顺道德教育是十分必要的也是切实可行的，因为古人的哲学思想和伦理学认识为它提供了基础，而现代社会的发展趋势又为它创设了利好条件。由此，用生态德育的理念去指导未来的学校德育实践便成为一种刻不容缓的现实可能。

（三）生态德育的目标及内容

在教育活动中开启受教育者的生态智慧、诱发受教育者的生态情意、形成受教育者的生态能力，最终实现人与自然、社会的可持续发展是生态德育所追求的终极目标。在这当中，首先需要关注的即是对受教育者生态智慧的引领。如何用高远、宽广的视角去审视自身所处的世界，洞察前人尚未体悟出的生态之道是他们必须要面对的问题。生态智慧可以帮助受教育者理清并把握复杂多样的生态关系，引导他们积极、向上地在各种"复杂"中存在与生活。生态智慧是新一代人类适应社会发展并实现自身发展的主体素质，所以今天人们对生态的诉求不断提升。1962年美国生物学家雷切尔·卡逊的《寂静的春天》标志着一个新"生态时代"的开始，书中对环境污染的描述唤起了人们对古老生态思想的重新认识，激发了人们保护生态环境的主体意识，人类应该认识到我们"只有一个地球"。1995年加德纳在他的多元智能理论中将"自然观察智能"称为第八种智能。他认为，高速现代化的社会中能有机会亲近荒野朔漠的人是少之又少，人们除了在环境优雅的室内就是在平坦的柏油路上，很少与自然亲密接触。即使现代科学技术在一定程度上悄然颠覆了人们原有的生活，但它仍没有强大到可以抹去人与自然在交往碰撞中留下的痕迹。因此，具备"自然观察智能"的人表现出喜欢户外活动，融于大自然中，深深和动植物联结在一起的特质。而关注受教育者生态智能的养成、生态意识的诱发、生态能力的形成[①]的目标便蕴含了生态德育的价值旨趣。

结合理论层面和实践领域，我们将环境教育、人际关爱教育、宗教扬弃教育及生态道德体验教育作为生态德育的基本内容进行探索和研究。

第一，环境教育。每当提到生态德育，人们总会潜意识地将道德教育中的环境问题摆出来，认为生态理念下的道德教育就是要培养人们的环境意识、解决环

---

① 沈革武，杨爱霞. 解读德育生态论的学术迁徙［J］. 学术界，2008（3）：197-201.

境领域的道德问题,其实不然。概括地说,环境教育是一种单向的、实用的教育活动,旨在向受教育者传递环境规范。而生态德育是一种多向的、以和谐互惠为观点的教育活动,旨在使受教育者在生态体验中建构并提升道德品性。环境教育和传统的道德教育相比,关注到了人与自然之间互动共生的关系,劝诫人们不要过度地开采或滥用、损害自然。基于此,环境教育完全可以在由生态理念普照下的现代德育的庞大内容体系中拥有自己的一席之地。在教育方法上,环境教育倡导并敦促受教育者要与自然进行全息的亲密接触,把握自然多种多样的呈现形式并把握它们的存在意义,帮助受教育者通过践行真切地体悟到由于人类对自然肆无忌惮的滥用和破坏的种种不友好行为,让子孙后代终食被自然界报复的恶果。同时,也向受教育者展示人类生态意识觉醒后,在保护环境方面所做的努力与取得的成效,使受教育者深刻领悟到人与自然是相依相存的伙伴关系,进而帮助受教育者建构并生成生态意识和生态能力。正如萨克塞的观点,自然从人类的敌人成为了人类的榜样,又从人类的榜样成为人类对话与交往的对象,进而成为与人类相互依存、互惠共生的伙伴。

第二,人际关爱教育。生态德育提倡人们通过切实的践行去审理并反思人际之间的实然关系,在历史事实面前让人们深刻领悟到前人对自然环境的破坏所引发的生态危机,以及这种危机对当代人的生命、安全发展构成的威胁,促使受教育者养成为了下一代甚至下几代人的生存与发展而主动尊重自然、保护环境的生态智慧、意识和能力。引导受教育者理解并接受种族之间在文化、信仰、习俗等方面的差异,自觉消除种族歧视,努力构建国家之间、种族之间的应然生态人际。

第三,宗教扬弃教育。生态德育倡导受教育者遇到宗教问题不应回避而应勇敢面对,但它反对不经思考和判断的机械接受和盲目迷信。受教育者应该通过对不同宗教思想的甄别与对话体认出不同宗教在教化人们去占有、征服、主导自然的宗教思想在生态意义上的缺失,同时认识并领悟佛教以及传统的儒道思想中所主张的某些和谐思想的生态意味。比如他们将人视为自然界的一个成员,提醒人们在自然界中，其他生物与人一样有相同的发展机会，引导人们去尊重不同生命体的不同存在样态，反对将人划分等级以及反对邪教对人类生命的残害；他们相信世间存在"因果报应"，告诫世人应该克制自身的行为，避免给子孙后代的生存与发展造成伤害。对待不同宗教的不同思想意识，应该引导受教育者不但要敢于并善于接受合理的思想精华，同时也要坚决地剥离荒谬的糟粕。使受教育者充分领会合理的宗教思想在人与自然关系的处理上体现的超前、敏锐的洞察能力和启发价值，进而提升其对生态道德思想的多元体悟，自觉预防人际德育视域下思考问题的局部片面性。

第四，生态道德体验教育。无数的实践感受证明，当人与外部世界都处于相互开放的场域时，人的灵魂更容易汲取外部世界的优秀因子使心灵得到净化、内部污垢得以冲刷并在与外部世界的交往中排出体外。因而，当人们亲近自然，被大自然的钟灵毓秀所感化时，明净、高洁之情便会悄然而生，深切的感触也许会让你对灵魂深处的某些杂垢加以重新审视；当强烈地感受到草木浓郁葱茏的蓬勃景象时，也许会让你对自身的颓堕萎靡有所反思；当看到百川归海的苍茫无边时，也许会让你对思想上的某些狭隘有所反思；当看到崇山峻岭的峰峦雄伟时，也许会让你对自身的平庸与微不足道有所反思；当人们深切体会到在与他人相处中的友好和善时，会对内心深处的敌对与蛮横有所反思；当人们触碰到儿童的天真烂漫、纯洁无瑕时，会对自己的无理与唯利是图有所反思；感受过教徒们对信仰的恭敬与虔诚后，人们会对原有的锋芒与焦躁有所反思；接受了爱的滋养与包容后，人们会对以往的冷漠与计较有所反思。由此可见，种种无形的生态关系使人的内在世界与外部世界必然地紧密联系着，了解、重视并优化这些生态关系，可以使受教育者的道德品性在生态德育意旨实现的过程中获得不断提升。

二、生态体验——生态德育的实践指向

生态体验道德教育继承了传统道德文化的衣钵，从鲜活生命个体的生存活动出发，彰显了教育的实践性与反思性，突出了教育中至善至美的和谐因子。生态

体验是生态德育中一种诉求和谐共生境界的实践模式，它从人与自然之间，人与人、族群、文化之间以及人与其身心之间的三重生态关系的相互交融、相互影响的意义上，反思以往道德教育的枯燥与低效，通过创设具有价值引导之义和智慧启迪之效的生态情境，超越往日乏味的道德说教，重拾道德教育的亲近感和吸引力，重新构建感动生命、触动心灵的魅力德育。

（一）生态体验：生态德育的一种理论自觉

道德教育作为一种美善哲学，应该摆脱粗暴强制受教育者简单接受并践行道德规范的难堪境遇，转而呈现受人尊崇和敬服的气象。德育是一个包含了人生的选择同时又时刻散播人文关怀的过程。德育实践的旨趣在于充分观照受教育者的生存体验和心灵感触，让受教育者自觉接受道德规范并主动践履道德行为。因此，提高道德教育的可操作性是提升德育实效，实现德育功能的关键所在。生态体验直面功利世界中学校道德教育失效的尴尬，没有将视线锁定在对道德规范的训导和教化上，而是努力洞开受教育者的心灵，圆融道德规则与道德生活的关系，让其感受生命与生存的价值和意义，使教育者与受教育者在和谐的道德情境中实现道德人格的成长与道德情感的养成。

首先，物我两忘，内外圆融。生态体验的起点是对传统知性论德育中纯粹理性的"后现代"的思考。纯粹理性是柏拉图、康德以及近现代的哲学家、道德家们亮出的一把利剑，被视为道德教育的传世宝典。他们认为人的道德认知与实际的生活经验和体验没有必然的"源于"关系，道德认知是人的一种理性的认知能力，它先于任何经验而独立存在。本着这一思想，胡塞尔的"先验"、笛卡尔的"我思"、黑格尔的"绝对精神"等"人类中心"理论纷纷出炉，催生了人类与自然对立的主客体关系。基于对纯粹理性的"后现代"的思考，生态体验对传统的知性德育论进行了批判。在知性论德育中，受教育者的身心深受主客体分离理念的控制，德育成了预先设计好的道德规训活动，丢失了德性发展的根本动力。受教育者虽然身处五彩斑斓的感性世界，却未能对活泼、生动的生活做切己的体验，也未曾对道德的发生做深刻的思考。纯粹理性的律条取代了自然法则，道德教育变成异己，"教育运用强制手段执行某种道德不仅是徒劳的，也是不道德的，用不道德的手段去实现高尚的道德，只能引起更多的不道德。"[①] 出于对种种问题的深度思考，人们打开了对纯粹理性进行批判和反思的大门。

古希腊人在生活中追求"美的灵魂寓于美的身体之中"，他们认为道德的性质不是被动地服从法律，让人栖息于自己毫不理解的一种外在权利之下。道德的性质应该是构成人类自然属性的各种因子之间获得相互平衡。因此，在哲学领域，柏拉图才会觉得"善"就是灵魂的强壮、美好的习惯。而席勒也深受这一观念的影响，在他的视野里，希腊人都是各自独立的，而需要的时候又能成为一个整体。他强烈批判将人束缚在一个个孤零的碎片上的"现时代状态"，因为它既非善，更不美，甚至将美善割裂开来。由此，柏拉图将批判的矛头直指"知性"。海德格尔则认为形而上学在近代哲学领域中，渐渐忘却了"存在"而越发关注"在者"，这种忘却使其逐渐丢掉了自身的本原。如若重新构建形而上学，就要再一次考量康德哲学，重新透析"此时此地存在"与"存在"的辩证关系，透过"此时此地存在"的局限性，捕捉形而上学的根基。法国哲学家德里达从符号学的角度批驳"人类中心主义"是一种虚幻，因为任何符号的在场都被不在场所取代。在知性德育中，道德规范的教化是通过符号实现的，而符号所指的对象却久久不在场，于是道德教育变成了教育者意志的主观流露。德里达的思想看似挑战了纯粹理性的至上地位，实则是打破了二元对立的思维模式。因此，对思维方式的评判成为最终批判纯粹理性的着眼点之所在[②]。

在各种批判与反思的充斥下，环境问题并没有作为一个凸出的焦点而得到人们过分的关注与探究，相应的则是生态体验将切入点与着眼点投放在对人类有意义、有价值的生存体验上，不仅要消弭当代人在物质世界中功利化、纯粹理性化的实然生存样态，更为关键的是要引导当代人创建符合生态法则的应然生存状

---

① 金生鈜. 质疑建国以来的道德教育规训 [J]. 教育理论与实践, 2001 (8): 31.
② 冯铁山, 刘惊铎. 生态体验：道德教育诗意境界的圆融与诉求 [J]. 教育科学研究, 2009 (3).

态。对这一应然生存样态的重新思考当然不能离开中国传统文化的智慧土壤。中国传统文化中的主流伦理道德观念富含和谐美善的因子，当人们相信道之德与伦之理不仅来源于"天"的命令，同时也是"良知""仁慈"的外在表现时，就倾向于从心灵深处表达出渴望接受外部道德规范的意愿，并通过理解、吸收与沉淀将其转化为自身的德性从而引导并规范着个体的生活朝着道德意境扩展。我国古代哲人主张宇宙间自然界的万事万物同人类一样都具有生命价值，人与自然"天地与我为一"，教育者与受教育者也没有主体与客体之分，于是人的存在与自然、社会及其自身的生态融合为一体，人的道德状态不仅是意识的东西，而且是人生存样态的现实写照。中国传统的道德境界主张抛弃那种将客观世界视为对象的"人类中心主义"观点，崇尚道德教育的根本在于对人类自身的改造。生态体验开启了主客体合一的道德智慧，德育被视为是一种突破主客体、逾越时空的全景活动。它突破了"在场"的教化活动，步入圆融"在场"与"不在场"的"生态体验场"，使受教育者掌握了关于"道"的规则，既可以"内德于己"，又可以"外德于人"，对自然社会及其自身施以德性的提醒，达到"物我两忘，内外圆融"的道德境界。

其次，中庸中和，和谐共生。"动物只是按照它所属的那个物种的尺度和需要来进行塑造，而人则懂得按照任何物种的尺度来进行生产，并且随时随地都能用内在固有的尺度来衡量对象。"[①] 由于长期受到纯粹理性的控制，人们已经习惯于将自然界万物的本质属性等"物种的尺度"等同于动物的尺度，将人的目的、情感、意志等"内在的尺度"看作是人的理性。于是，就使人们在对待"物种的尺度"与人的"内在的尺度"的态度上，不自觉地将"内在的尺度"无限扩大化而无视"物种的尺度"的作用，把人的需要、目的绝对化而消弭了人对自然同样应担的道德责任与义务。人只能根据他的"内在的尺度"来建立与践行道德规范，而无法根据"物种的尺度"来观照自然、社会及人自身的生态

---

① 马克思. 1844 年经济学哲学手稿 [M]. 刘丕坤，译. 北京：人民出版社，1979：50.

关系的道德问题，道德教育沉沦为面向人的"内在的尺度"的客观存在。

当今人类面临的日渐严重的生态危机无疑与物欲的极度膨胀有直接的关系，但对物质享受的极度追求是理性至上、人的道德行为的衡量尺度窄化的必然结果。飞速发展的时代催生了人与自然的对立，当人无视自然的感受而一厢情愿地实施占有与统治时，人原本可以"礼貌"地对待周围世界的美善精神也渐渐遗失。美善精神是人的尺度可以产生效果的必要因素，当教育过程不能产生沁人心脾、入木三分的效果时，道德教育只可以算作是道德规范的单向传递。从道德实践的视角看，德育是教育者将道德规范传递给受教育者并引导其将内化于心的规范以外显行为的方式表现出来从而践行与周围世界各种交往关系的活动。这种活动的最根本的性质突出表现在个体的精神是在实践中经由一系列的活动而由自己去调节和掌控的。因此，"精神—实践"活动便成了道德教育主体的劳动实践可以获得效果的必然保证。生态体验植根于中国传统文化富有道德底蕴的土壤，汲取传统文化中"天人合一""中庸中和"的养分，使教育者与受教育者以"中正和谐"的态度去体验生活、感受人生，以包容的胸怀和境界去接受一切客观存在，对待事物能保持一颗平常心，适可而止，合乎自然，不与自然之道相背离，做事情时求同存异、公平客观、不急不躁、虚怀若谷，时刻修正自己的心理和行为，做有道德的真君子，无论外界环境如何简陋，也始终保持心中的和谐境界。

再次，知行统一，践行生活。道德教育能够发生并发展，是多方面因素参与的结果，其中既有来自人的内在需求如目的、愿望、需要等的导引，也有外部因素如政治、经济、文化等的促进。德育实践为内外部多种因素的整合提供了现实场域，也为整合后的因素可以发挥作用提供了契机。生态体验承续了"生活本体""自然本体""生命本体"等有意义的内容，把人与自然、人与社会、人与其自身之间的生态关系的体验嵌入道德教育，重现在生活实践中体验人、自然、社会之间生态因子的价值与意义，使个体的生命得以回归，凸显生态智慧，彰显体验的魅力，使道德教育面向自然、面向生活、面向个体自我融通的方向开放。

到达和谐美善的境界是道德教育的具体指向及终极关怀，而富含诸多道德教育因子的现实生活为德育本质的建构与显现、德育活动的形成与开展提供了实践场域。教育者首先将自身的主观目的、愿望等变换成种种可以接触、可以感知、可以融通的道德关系、实践活动或体验情境，呼唤并激发受教育者内在的道德体验潜能，使其在真切的体验中获得对生命的感动，对道德发生形成切己的认识，从而反思以往的行为，重新确定生命的价值及德性发展的方向，并确定新的目标与实践活动与之相匹配。在这一过程中，教育者与受教育者的德性都获得了发展，他们之所以愿意反思自身的道德缺陷并将外部规范凝结为自我德性，追根寻源是生活体验带给了他们切实的感受，而满足自身需要的强烈愿望也为他们接受并践行道德规范提供了动力。生活为生态体验提供了可施展的空间，而生态体验也通过融通各种关系成为生活实践的主要形式，同时也就成为了生态道德教育的本体。

（二）生态体验：凸显和谐美善理念的价值旨趣

生态体验作为生态德育观下的一种教育活动，吸取并融通了传统伦理思想与道德理念的精髓，使德育体系的内容在现代社会的运行中更加丰富。于是，如何发挥德育的应然功能，如何建立民主和谐的师生关系，如何使受教育者在对美善的诉求中生活得更有意义，与自然、社会友好圆融，从而构建和谐共生的道德世界等，便成为生态德育当今时代的追求。

首先，主体间性关系的确立。伴随着现实教育活动的实施，教师与学生之间总会在基于对话与交往而形成的各种关系中扮演不同的角色，师生之间确立何种形式的关系受到教育观念的干扰。从历史上看，人们把师生关系划分为三种模式：主体—客体模式、主导—主体模式、主体间性模式。

随着人类社会的向前发展与人类文明程度的不断提升，被长期封存于体内的人的主体性意识与精神被重新唤醒，人开始按照自身的意愿与需要来"安排"外部世界，自然要按照人的尺度来存在与运转。从一定程度上说，主体性哲学解开了自然施加在人身上的各种羁绊，为人类社会的向前发展贡献了推波助澜的力量。但在涉及与自然交往的问题上，主体性哲学主张对自然的统治和占有，将自然当成被征服的对象、客体，造成人类与自然的对立，无节制的破坏与索取招致自然的报复，致使人类的生存危机重重；在面对他人时，主体性哲学主张将他人摆在利益关系中的客体位置上，为了满足自己的需要而去损害他人的利益，必然产生厌恶、仇视，使人与人之间的关系恶化。主体性思想折射在道德教育的视域中，则表现为人们往往按照自身的"内在的尺度"或秉持"人类中心主义"的认知方式，将道德教育视为教育主体对受教育客体的重新塑造；或从价值论的视角，将道德教育视为主体的道德情感向客体的单向传递；或从实践论的观点出发，将道德教育视为主体对客体的规训与征服。不管是主体—客体模式，抑或是主导—主体模式，它们都含混地将充当德育对象角色的人和物均当成教育活动的客体，致使在对主体性追寻的过程中，单向的方式及强制性的手段确立了道德教育中师生关系的对立，其实质则是将人的尺度作为了评价德性高低的依据。而主体间性模式从人的固有且真实存在的视角出发，为建立相宜的师生关系开启了明亮的视域。遵循着"天人合一"的规律，生态体验将道德教育看作是主体间共存的一种方式，作为"引导者"的教育者和作为"体验者"的受教育者共同进入生态体验情境中，开展相互的交流和体会活动。由于教育者不是将自己的主观意愿强行传递给受教育者，不是引导者对体验者的规训，而是相互之间的往来、协商、和谐的共生共存，不仅彰显了教育者的主体性，同时也显露了受教育者的主体性。在对主体性追寻的过程中，它的目的和方式是双向的，手段是自由交往。因此，教育者与受教育者这两大阵营之间映现出互相包容的胸怀与互相赏识的心态，他们在生态体验中不断调整各自的心理和行为，使道德教育促进生命的涌动，焕发无限的魅力。

其次，德育内在功能与外部功能的现实耦合。德育目标与内容的制订，方法与途径的选择都有赖于道德教育功能的指导。因此明确德育功能，有利于道德教育实践活动的开展。道德教育是教育者与受教育者之间相互交往、相互影响的实践活动，在教育与受教育的过程中既显现着个体的个性，也体现着交往主体之间存在的一般意义；不仅有个体性功能，同时也有社会性功能；既具有适应性与超越性功能，也具有教育性与享用性功能。道德教育要对社会发展和个体发展产生最佳效益，取决于适应性与超越性功能、教育性与享用性功能的合力。①

在纯粹理性思想的观照下，道德教育过分关注了教育性与适应性等德育外部功能的施展，而对超越性与享用性等内在功能的开发相对忽视，致使德育功能徘徊在训诫、保持、顺应上，呈现突出的先在性与闭塞性，德育实践成了传授道德理论知识，灌输德育规范的教育活动。其实本真的德育源于个体的生命，并且在个体的生命意义与价值的实现中收获着自身的成长。道德教育外部功能的运行受到个体内在功能运行情况的限制，人作为独立的个体以完美化的想法生活在现实的世界中，是融古人、今人、后人的一种复合体，道德教育应然的要遵循人的发展逻辑。如此，道德教育促进社会发展的功能才能够真正发挥实效，道德教育的固有魅力方能得以显现。

生态体验将和谐美善生活的建构作为道德教育的终极价值追求，从哲学和美学的视角来契合德育的内在功能和外部功能。首先，通过营造生态体验的情境来唤起教育者与受教育者的内在需要，使其在满足需要的生活实践中，用生态、和谐、美善的情感与态度去接纳外部的人与物，并在与外部世界相互圆融的过程中基于交往实践厘清并建构各种生态关系，不断审视、反思实践中沉积下来的经验，从中总结出富含生态意蕴的合理部分去指导践行进而实现道德境界的提升。同时，对话、商谈、分享等形式的实践可以使教育者真诚地、感同身受地面对受教育者，用理解、包容的胸怀接纳他们的诉说，并将自己内心深处的矛盾与愿望也真实地表达出来，凸显了主体间性在价值实现上的优越性。最后，体验之后的反省，使教育者与受教育者感受生活中的生态价值，感悟德性生活的幸福和道德人格的崇高，生态智慧得到启迪，内在潜能获得诱发，圆融了的个体身心，使自我走向美善的境界。

再次，德育应然与实然价值取向的圆融。对于德育价值取向应该如何划分，

---

① 冯铁山，刘惊铎. 生态体验：道德教育诗意境界的圆融与诉求 [J]. 教育科学研究，2009（3）：63.

学术界有较为统一的共识，尽管着眼点不同，衡量的依据各异，但大多数学者认为德育价值取向总体上可以划分为应然与实然两个层次。道德教育的应然价值规定了实然价值的方向并对其予以指导，而现实价值是趋同于本应价值的通道。在一定程度上，本应有的价值往往要高于现实价值，而现实对本应状态的追赶、趋同与超越就实现了二者在现实中的相互转化。

从前文对我国德育观嬗变历程的分析与论述可以看出，德育价值取向在我国大致经历了从公私德兼修到泛政治化再到回归本体的变迁过程，这种价值取向的嬗变反映了学校德育主要立足于巩固社会制度，促进社会发展，协调社会关系等实然价值，对推动社会的发展做出了不容忽视的贡献。可是生活是现实的，现实是复杂的，复杂的现实使得道德教育背离人的生活世界而渐行渐远，对应然价值的忽视也让实然价值感觉迷茫。有学者认为，人原本可能不具有德性，而是具备接受道德教化的潜质。所以，人的德性可能既存在于现实中，也可能存在于高于现实的本应状态中。也正是因为有了现实对本应的追赶，才使得人可以获得不断地发展。[①] 人的生活里原本就掺杂着许多复杂的、变化不定的因素，我们没有办法将过去、当下及未来搁置在相同的框架内。于是，在教育者准备用实然的道德去透视、审理生活中的道德发生和道德事件，进而勾画出带有"辖统"意味的道德规范去掌控受教育者的行为时，努力追寻与构建的德育应然极有可能成为"应该、应是"。所以，圆融德育的应然与实然必定是未来德育努力的方向。

在真切的现实生活中，道德教育的本真价值通过生态体验予以投射，使教育者和受教育者在由人、自然、社会组成的三重生态系统中进行道德体验，让德育实践活动与主体建立实际的联系，使主体对生活产生真切的感悟和切己的反思。随后，以实然为原点和基本条件，在和谐、共生等应然价值的引导下，施展德育主体的主观能力与潜力，挣脱实然附加的各种束缚，向理想的应然状态改变。达到了的应然在现实生活中又转变为实然，而后又新新不已地演变出其他的应然。

---

① 鲁洁. 实然与应然两重性：教育学的一种人性假设[J]. 华东师范大学学报，1998（3）：1.

在循环往复的转变与突破中，在应然与实然的共同作用下，教育者与受教育者的道德品性均进入广阔发展的空间。

（三）生态体验：在实践中感动生命

近些年来，许多专家和学者在对德育的发生、发展等问题进行总结与反思时，曾多次试图引入新的视角对其进行审视，拓宽对其进行研究的场域。但是，碍于主流德育观的制约，这种想法始终未能如愿。随着生态德育观念的逐渐显现，生态体验成为学校道德教育的一种全新模式。它不仅打开了道德教育的视界与场域，同时在运行中唤醒了道德教育的本原魅力并实现了师生对生命的感动。

通过对学校道德教育发展历程的审视可以看出，传统的道德教育秉持的是"知性德育"的价值观念，践行的是主客体分离与对立的教育模式。它关注的是师生之间伦理道德知识的传授与接受关系，忽视了学生与学生之间、家长与学生之间应然的道德体验关系，使道德教育的运行过程表现为伦理道德知识的输出的实际样态。在这样的教育实践中，教师与学生被明确的角色定位区分开来，一方站在另一方的对面。教师教导学生，而学生从教师那里获得既定的道德规范，并尝试通过对有限的道德规范的习得去提升应然的德性。在输出与接收道德规范的过程中，教师与学生的生命关系、心灵关系、情感关系等被忽略。对此，生态德育理念下的生态体验模式重新划分了道德教育实践中的各种关系，将自然生态、社会生态、个体的自身生态置于学校道德教育的生态系统中，重新审定学校德育课程及教材的价值与功能，关注德育与生活的联结，在生活世界的生态体验中感悟各种道德关系，启迪道德智慧。

审视以往学校德育学科课程的课堂生态不难看到，在固定的时空里，学生全体面向讲台上的教师呈秧田式的次序排座，教师以权威的形象滔滔不绝地向学生传授教材中已经安排好的道德知识，教师提问、学生作答，教师安排习题、学生练习考试。如此一来，道德教育成为单向的输出与接收的机械活动，学生的德性难以提升，教师的发展也受到限制。这主要表现在：教师长年累月地单向传授既有的道德知识，自身德性的提升和继续发展受到忽视；学生被局限在固定的时空内，体验生活多样性的权利被剥夺；教学与学习几乎成了教师与学生生活的全部内容，他们的生命不再鲜活、独特。于是，教师"立德树人"的职业兴趣被不断消磨，学生原本积极的学习兴趣也被消耗殆尽，教师将道德教育仅视为一项工作、一种谋生的手段，而学生则将道德学习看成是通往下一个学习领域的阶梯。

生态体验是在道德教育转型与改革时期，在突破传统的德育观而构建新的德育观的过程中浮现出来的。在生态体验模式的运行中，学校的主要任务之一就是要创建适合于学习者的道德规范的习得及道德人格的养成的生态氛围。就当下的学校道德教育来说，如何重拾道德教育的魅力，实现德育有效性的提升是德育改革与发展需要突破的一个"瓶颈"。道德教育是否有效，不是衡量其对个体思想和行为的统摄程度，而是看道德召唤是否有自觉的回应。德育低效的表层原因是由于德育定位的"跑偏"，其与个体的完整生活、完整身心相分离，而深度的原因则是主流价值观念与方法论的现实导引出现偏差。学生在德育学科课堂上的学习效果不佳，是因为他们缺少对现实生活的实践体验，而道德理论与道德规范往往是既来自于生活又转向为生活服务。因此，生态体验要重新审视德育学科课程及教材的价值与功能，在课程运行中，不再以知识的传授为旨趣，而是将知识作为背景，作为体验生活的线索和资源，在体验中感悟德性的生命，理解道德关系，启迪道德智慧，发现生活中的道德真理。这样，学生在与自然、社会及其自身的生态关系的矛盾与冲突中追寻新的和谐共生的生态关系，挖掘并发展自身的潜能，逐渐成为生态世界中具有和谐美善道德精神的主体性一员。

生态体验是德育理论与实践的深度融合。实践是检验真理的唯一标准。三重生态圆融互摄优化生命样态，是生态体验理论的核心命题，其价值形态是臻于美善和谐的生态人格境界。实践形态是全息体验、互动陶养、群集共生，创生一种臻于美善和谐境界的魅力化育模式，显现为一体万象、丰富多彩的活动和课堂形态。

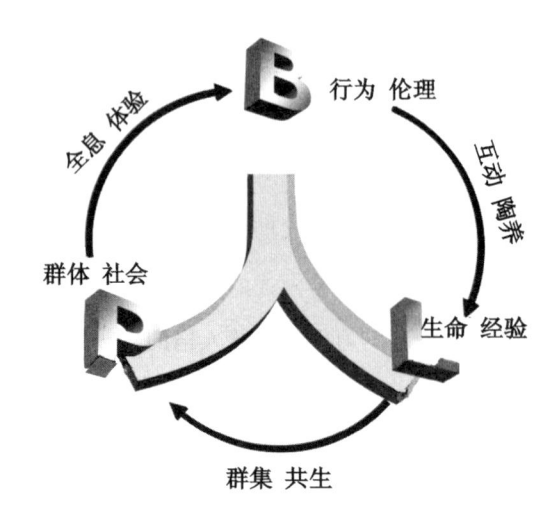

德育与教学是一种辩证关系，德育关涉到教学质量、人格健全等基础问题，并为教学和做人提供方向感、动力源、学习智慧等支持。德育理论的价值就在于贯穿实践，为此须不断提升理论联系实际的能力，使德育理论更具指导性，使实践得以不断创新，才能让德育成为学校教育的灵魂。当全体师生浸润在道德的阳光雨露中，形成互惠共生、相簇而茂的生态关系，获得源源不断的学习与成长动力，学校才有可能完成其应有的社会使命。基于此，我们可以将生态体验引入课堂，把德育贯穿于丰富多彩的体验活动之中，可以创设学生听证团、模拟联合国活动、高三成人仪式等精彩纷呈的社团活动。这些丰富多彩的体验活动，不仅可以实现师生间的心灵对话，且极富挑战性。在这样的体验课中，教师分别扮演导引者、听众、智者的角色，或指导示范，或沟通激励，在共同体验的过程中获得自身人格与威信的提升。生态体验不仅可以融入各科教学之中，还应该融入学校文化建设及各项工作之中，在环境、课程和管理体系等方面为学生的自主学习、自主管理提供广阔的实践平台，极大地解放学生身上的束缚；尊重差异，提供多样化选择，深度拓展学生生命发展的新时空。例如北京十一学校开设了 265 门学科课程、30 门综合实践课程、75 门职业考察课程及 272 个社团和 60 个学生管理岗位，每个学生完全可以根据自己的需求选课。又如笔者在以学生能力为核心的课堂教学改革会议上了解到的中国台湾南华大学开展的成人礼和三好校园活动等，这些设计既张扬了学生的主体性、个性与创造性，也凸显了教育的践履性、

成年礼
自我肯定、承担责任、心智成长、感恩回馈

净仪开始　始加礼　再加礼　三加礼

2013年参与学生：1 017人
参与家长：600人

三好校园
获选三好实践绩优学校

推行三好：做好事、说好话、存好心

第一类认证　参加三好服务活动　做好事、说好话、存好心

第二类认证　参加三好学习教育讲座及工作坊

第三类认证　全程参加成年礼系列活动

第四类认证　特殊表现及贡献

同学分享：我们要懂得珍惜一切，当有能力时要懂得回馈社会。

（以上两幅图为中国台湾南华大学开展的特色体验活动①）

---

① 资料来源于2015年6月于沈阳召开的以学生能力为核心的课堂教学改革会议上中国台湾南华大学学术副校长兼教务长林坤崇教授的经验分享。

互惠共生性和享用性。创设富有价值引领和智趣激发的教育生态情境与课程，优化师生关系，开启生命智慧，自觉超越夸美纽斯班级授课制的局限，彰显了学校文化的道德价值观。

笔者认为，确保生态体验模式的运行效果离不开教育者的积极参与。当下从事德育学科课程教学的一线教师应该重视德育理论对课程运行中出现的实际问题的指导和解决作用，可以通过与德育理论专家的交流与合作，尝试着参与前瞻理论指导下的校本生态体验教育的研究以及校本生态体验资源与途径的开发。一方面，有着丰厚道德理论素养的德育理论专家要走出在象牙塔中建构理论的误区，深入到学校道德教育的现场，进行现场化的校本德育问题研究。另一方面，可以指导一线教师在前瞻德育理念与专家的引领下，跨越单纯的经验积累，探索生态体验校本德育的新渠道。这样，道德教育理论可以收获充裕的实践品质，而道德教育实践也可以显现学术气质，使德育理论与实践互相融合。在研究与探索的过程中，理论专家与一线教师可以结合室内体验活动与户外体验活动，让能够感悟自身生命的教师去唤起学生对生命的体悟和对道德的体验，拓宽并圆融教师与学生之间、学生与学生之间、家长与学生之间的道德关系以及人与自然、社会及其滋生的生态关系，使生态体验实践与生态道德教育理论的阐释完美结合。

从之前的研究和论述中还可以看出，生态体验作为一种饱含和谐共生道德教育价值观念的教育模式，可以将个体自身的内生态、自然生态以及社会生态中的任何一个作为切入点，使教育者与受教育者一同体悟三种生态关系中的和谐美善粒子，并围绕着种种生态粒子展开通达的沟通与对话，一同解构生活中丑陋的不道德粒子，并进行理性的反思，让教育者与受教育者逐渐体会并领悟各种生态关系的本意及主旨，使他们的生态意识、生态德性得以激发和创生。因此，体验双方能否真正步入生态体验的现实场域，对生态体验模式的运行来说具有根基性的意义。受教育者如果执拗于自身原有的道德规范及道德观念，就如同为其自身进入生态体验场设置了无形的屏障，面对与自己不同的生命体或身处陌生的环境时，他们往往用苛刻的眼光去挑剔人或事，厌恶、疏离的感受油然而生。于是，可以通过"心髓旅程"这样的身心体验活动，引导受教育者进入到生态情境的体验之中，使他们暂时搁置原有的道德观念，进行身心浸透，全息体验。而后，受教育者逐渐感受到他周围的任何一个生命体都如他一般以自身相对特有的方式存在于世界中，并用自身认同的样式去追求生命存在的价值、意义、成长方向，有了这样的体悟，受教育者便会对周围的生命体产生和乐、和美、熟悉的感觉。在这一过程中，受教育者的心灵无比宁静，悬搁或弃置以往禁锢心灵的某些思想或观念，体悟生命个体的无比多样性，向自然、社会以及一切外在于身的生命开放。

在生态体验活动中，受教育者历经情感触碰、心灵启迪、生命感悟、和谐意识喷涌等成长历程。在生态的人际关系的体验活动中，受教育者需要面对不同的崭新环境和崭新群体，在相互的情感触碰中实现生命的涌动，使圆融的心灵渐渐显现豁朗、舒缓的境界。在对自然界和社会的生态关系的体验中，受教育者向外展现开放状态，让周围万物的生态粒子流进心灵深处，排出体内非生态、非道德的杂质，使受教育者的内部世界和外部世界呈现相互交融的圆融之势，最终使受教育者的生态德性灵动起来。

在进行生态体验活动的时候，教育者导引受教育者与其共同踏入相同的体验情境中，一同体验相同的生态关系，进行体验后的对话与交流，相互提升各自的德性水平。教师不再只关注单向传授道德规范而忽略自身道德精神的提升，而是逐渐成为具备可持续发展能力的道德教师。师生可以在"爱与被爱""权利与义务"的体验中使自身的生存状态、人生感悟和整个心灵发生改变。正如前文所述，当深切体会到与他人相处的友好和善时，会对内心深处的敌对与蛮横进行反思；当触碰到儿童的天真烂漫、纯洁无瑕时，会对自身的无理与唯利是图进行反思；当接受了爱的滋养与包容后，会对以往的冷漠与计较进行反思。

生态体验模式从个体鲜活的感性生命出发，突出了这一教育活动的实践性。当道德教育成为受教育者道德生命及道德人格提升的促进因子时，它就突破了角色化的外部印迹，真正使自身的魅力在实践过程中获得提升。而实践活动的推进恪守着一定的规律与原则，诸如在生活中积累生态阅历的原则；唤醒内在潜能，启迪生态思维的原则；坚持生态德育观的引导，重视道德品格陶冶的原则；引导师生身心相互融通，展开开放的交流与对话的原则；植根伦理道德文化的土壤，吸纳生态道德养分的原则等。在生态体验模式的良好运行下，对教师与学生道德知识、道德能力、德性水平的评价不能囿于传统的纸质考试和量化考核，可以结合内心感触、情感表达等呈现方式进行综合评判。受教育者乐观、向上、谦和、安然的生命样态自身就凸显出道德知识、人生阅历、生态德性的融通，使道德教育到达和谐共生层面的魅力境地。

生态体验模式是在生态德育观的指导下，将受教育者道德人格的健康发展作为其基本的诉求，它按照活动、体验—反思、体悟的逻辑顺序，提倡在生态体验场域中实现与生命的对话，由站在外部研究对象转为进入内部对对象进行研究，将道德理论专家、德育一线教师以及学生捆绑在一起，进行体悟、浸润，实现其道德能量的无限扩展。

三、人文生态与心灵之序：人格培育与素质教育是否可能及如何可能

上面说到的生态德育，是面对工业大生产时代人类与自然、种族之间、人与社会之间凸显的道德失范的大气候下，我们对德育观及道德教育的可能样态的一种构想。但任何事物都具有硬币的两面性，生态德育也不会尽善尽美。德育与思想政治教育最大的区别在于，德育对人起到的是春风化雨、润物无声的持续教育，它理应不该受到政党或政府价值取向的左右。对人的道德结构的具体要求以及对人德性的培养也应该以其可以成为一个正常的好人、可以过正常的幸福生活为标准。前面总结了"已然"与"实然"的经验和教训，展望了未来"应然"德育观的样态。人具备一种"本然"的自我教育能力，在后现代的语境下，是否应该开启主体性教育来弥补特定德育形式的缺失，是值得在学理上进行探讨的问题。生态德育就其构成而言，有外部构成和内部构成两部分，外部构成称为人

文生态，是人与自然、人与人之和谐状态的客观关系；内部构成则是身心和谐即心灵之序。因此在具体的道路上，生态德育的建构就必定沿着外与内相结合的方式展开。以上所论只是给出了生态德育建构的基本原则与方法、目标与特征，而具体的要素和细节则要复杂得多，需做缜密研究。

（一）对主体教育理论与主体教育实践的反思、批判与重构

在一般的教育活动中，更重要的是在道德教育实践中，体验教育、情境教育逐渐进入了教材，走进了课堂，而这些似乎均奠基于主体教育理论和主体教育实践之上。主体教育理论是近年来教育学和德育学讨论中的一个重要领域，但当下此种理论却面临来自理论和实践两个方面的挑战。理论上主体、主体性、主体教育、主体性教育，在概念的界定与梳理上始终是个问题；主体教育理论是作为教育思维方式，还是作为实施教育理念的策略安排？在实践上以极端形式出现的主体主义的思维方式和行为方式受到了批判，因为无论对于自然、他人还是自己，极端形式的主体主义方式都带来了诸多问题，这虽不能归因于主体教育理论的倡导，但需要做出说明。超越于狭隘的主体主义思维方式，以人的全面、健康发展为终极目标的后现代教育观是否可能与如何可能，值得深入讨论。

第一，主体、主体性。

在现代语言中，主体是相对于客体而言的，它不仅具有实践上的效用，且具有认识论上的意义。其一，包括人在内的所有物种，原本无所谓主客之分，但人作为有意识的存在物，可以在认识上把物我关系和他我关系进行主客划分，其目的在于强调"我"在多种关系中的原初性和优先性。在这种认识指导下，人便在实践活动中将自己置于优先地位。笛卡儿、马克思都探讨了主客体关系。笛卡儿是近代哲学中真正把主客体关系确立为哲学主题的哲学家，他把"我思"确证为一种终极性的哲学命题，彻底的怀疑主义终结于"我思"之中，"我思"已成为确证我的存在的最后的同时也是唯一的事实，以致"我思，故我在"。马克思在文章中讲到，"主体是人，客体是自然"。对我们来说，我们是在具体的情境中定义主体的，指在一个具体的活动中谁是这种活动的发动者、承担者和责任

者。在人之成为人的意义上，人必须成为主体，否则他便无法完成对自己和他人的义务与责任，放弃成为主体的资格就是逃避义务和责任。我们以为，如果仅从一个具体行为的生成和运行中用谁是发动者来看待具体行为的性质，尚不足以判断其价值与性质。于是，主体便有了两个不可剥离的要素：能力与目的。能力维度规定了一个人能做什么；目的维度规定了一个人想望什么。坚持主体并不必然导致个人主义，关键在于把何种目的视为具体活动的目标。在亚里士多德看来，人之成为人在于他有德性，这种德性也就是我们通常所说的主体性。主体性并不都是在主客体关系中形成的，但它一定是通过主客体关系表现出来的。从先后逻辑关系角度讲，主体性首先是一种潜能，是能做什么和想望什么的潜质。潜质是人的主体性的未发状态；人的主体性正在显现着，这是人的主体性的显现状态；主体性的显现必然造成一个结果，无论这个结果是有效还是无效。如此一来，主体性就表现为由潜质、显现和结果构成的一个流动，这种流动以特定的样式呈现给他人也呈现给自己。在绝大多数情况下，主体性作为一种流动，是为主体性的拥有者所熟知的、自明的。因此，反思和批判理应成为主体性的一种特质，而只有熟知、自明、反思和批判的行为才是自由的，即由自己的，由自己便是意志自由，只要意志是自由的，便有选择能力和选择行为，有选择就有责任问题。总之，责任性是主体性的内涵之一。但人们对主体性的这种本真状态的认识却并非总是那样准确，事实证明，在不同的社会背景下以及不同的立场上，对主体性的认识常常存在偏差。看待主体和主体性的角度和对待它们的方式经常是不同的，角度和方式不同，认识的结果就迥异，甚至对立。比较而言，我国学术界关于主体性的认识与规定是存在偏差的，这种偏差绝不是故意而为的，而是反映了人们当时的认识水平，以及当时社会的基本的价值取向，这种取向就是基于原子主义之上的主体主义倾向。一如西方近代以来的现代性的生产那样，这种偏差是现代性的一个结果，同时也是现代性的一个表现。20 世纪 80 年代中后期，我国学术界关于主体性的定义是主体在认识、改造和享用客体时所表现出来的、为主体所特有的特征：为我性、能动性、积极性和创造性。在这种思维范式之下，被主体所认识和改造的客体变成了完全没有权利、被动的且是了无生气的存在物。因此，问题不在于人能够成为主体，而在于成为何种类型和何种意义上的主体。定义主体与主体性的方式反映着定义者的价值立场。当我们回到人类文化的原点，我们发现不只是我们定义主体与主体性的方式，而且在实践论的意义上，基于为我性之上的能动性、积极性和创造性的行为方式把我们引向了一条不顾客体的一意孤行的主体发展道路，比较之下，对亚里士多德之主体性的一个十分重要的维度或置之不理，或给予批判，这个维度就是道德的德性。我们不应该从自身可以去做什么的角度去审视主体与主体性；也不应该从自身期望获得什么的角度去审视主体与主体性；而是应该看到另外的一个带有"责任"意蕴的角度即自身应该做什么的角度来给主体与主体性下定义。实际上，在人之为人的意义上，我能做什么、想望什么和应该做什么是密切关联的，然而人们经常强调我能做什么和想望什么，而丢掉了我应该做什么。当我们把科学主义、心理主义和伦理主义的立场综合为一个完整的定义模式，主体和主体性就变成了一个丰富的且人性化的存在：主体是一个具体活动的发动者、承担者和责任者；主体性是主体在认识、改造和享用客体的过程中所体现出来的为我性、能动性、积极性、创造性和责任性。其中，为我性表达的是主体发动一个具体活动的动机或目的问题，动机和目的不同，活动的方式就不同，它们决定着主体活动的能动性、积极性和创造性的发挥程度，起于心意以内的由己性是主体之具体活动得以发生的原初动力；理智、计算、抉择、毅力是主体能够做什么的意识前提和心理基础；后果与责任性是主体对活动之社会后果的预判、规避与承担，它决定着主体活动之合理、合法的边界。教育学中的主体教育是在何种意义上使用主体与主体性范畴的呢？将哲学中的主体与主体性概念及其思维迁移到学科教学论中，会造成何种效果呢？

第二，主体、主体性与主体教育。

在哲学领域，关于主体与主体性的讨论始于20世纪80年代中期，其学术背景在于关于人、人性、人的本质与人的解放的大讨论。这种讨论的一个直接的逻辑结果就是价值问题的突显。而价值问题一定是和活动相关的，人的活动该如何进行、何以能够进行，推动了人们关于能动性和积极性问题的讨论。而能动性和积极性的讨论并不能仅限于意识或认识的层面，其实践论基础是什么，值得深入分析。20世纪80年代末，主客体概念及主客体框架的提出似乎颠覆了已有的哲学理念：人与自然的关系是认识与被认识的关系，人只有首先认识了自然并掌握其规律方能很好地改造自然。而此时的主客体观则认为：主客体是人与自然发生关系的实体基础；认识与实践是主客体相互作用的形式；真理与价值是主客体关系的内容。至20世纪90年代初，有学者主张应该把主体性作为马克思主义哲学的首要原则，尽管此种观点受到质疑，但还是产生了重要影响。与此同时，有学者对主客体框架本身提出了质疑，认为单一的主客体框架只能揭示人与物之间的关系，而人与人之间的关系则要复杂得多，它们实际上是两个或多重主体之间的关系，于是主体间性或主体际性问题成了讨论的热点。而主体间性问题的实质是不能用简单的认识与被认识、改造与被改造的模式加以描述的，更何况，被认识和改造的客体并不仅限于自然物一种，还包括非物质性的文化产品、精神、制度等多种事项。主客体间关系与主体间关系的主要差别在于，作为主体的人去认识和改造以物的形式出现的客体，其实体地位是不对等的，客体没有类似于主体那样的来自受动性之上的主动性、积极性、创造性和为我性。而作为客体的自然却没有受动和激情。当主体把作为主体之对象的自然转换成与自己相类似的他者（他者作为主体）时，主体对待主客体间关系的方式已不再适合于主体间关系，由于作为客体的他者具有与主体相似的理性、意志和选择能力，所以主体间关系的首要规则是尊重、平等和互利；而且主体间关系能否存续与发展取决于主体双方的理解、尊重与渴望。作为平等的主体间关系，其认识、改造和享用是双向的，当这种对等的和平等的关系被破坏，主体间关系也会随之宣告结束。

20世纪90年代以来，主体、主体性概念与理论被迁移到教育学领域，提出了主体教育理论的基本构架。针对以往的教育理念和教育模式，主体教育理论提出了具有相当解释力和指导力的理论范式和实践筹划，产生了不小的影响，其解放作用和求真务实精神是可嘉的。近年来，主体教育理论受到不同程度的批评甚至责难，但从根本上来说，主体教育理论依然有它存续的理由和进一步发展的空间。当然，主体教育理论要高度重视来自不同领域的批评与责难，考察这些批评和责难得以成立的根据和前提，反思自己理论的真理性和价值性。第一，概念的界定、梳理与使用尚有进一步讨论的余地。把哲学意义上的主客体、主体性概念与理论迁移到教育学和教学活动中，需要哪些限制性的条件，除了主客体、主体性之外是否还有可替换性的范畴和理论框架去表述教育的真理性，因为最接近于真理的概念和理论才最具有生命力。第二，在走向消解主体的后现代氛围下，强调主体甚至把主体理论作为构建现代教育理论的本体论前提，存有人类中心主义和主体主义的风险。第三，主体教育理论是否存有通达后现代教育观的可能，如果回答是肯定的，那么其中的逻辑环节包括哪些？所有这些疑问集中在教育理论上，就会突出地表现为如下几个问题。（1）主体教育理论是否意味着，教育就是如何使受教育者成为主体，问题在于成为何种样式的主体。至少有两种定义方式，为我论的主体：利己—健康—快乐—幸福；德性论的主体：公民—责任—价值。这是主体教育理论首先必须回答的问题。（2）在一个具体的教育活动中，教育者是主体，它要解决的是成为一个合格的教育者所应具备的素养，其中知识、情感、意志、品德、责任是必不可少的事项。（3）在一个具体的教学活动中，学生是主体，既是接受知识、教化和训练的主体，又是反思和表达的主体。教育既不出于自然又不违反自然，因为每个人都有足够的接受能力，这是一种潜质、潜能，教育的使命就是为这些潜质的发挥提供一种环境，如果缺少这种人为设置的环境，潜质也许永远就是一种潜能而已。但教育必须顺应人的自然，而不能完全与之相反、相背，只有尊重自然才会引导自然。进言之，教育就是使受教育者能够成为主体的潜质发挥出来，并成为现实的主体。（4）在一个具体的教育语境下，决定教育者—受教育者的东西是本体论意义上的人性及其要求，所有的任务都在于实现这个目标。那么，我们的主体教育理论所坚持的是哪一种类型的主体呢？我们以为，我们的主体教育至少有三个层次，并由这三个层次构成一个自洽的逻辑体系。第一，作为目标存在的主体教育。实质上是如何使人成为人，而且是成为什么样的人的问题，归结到最核心处，便是康德的命题：我能够做什么、我应该做什么和我想望什么。事实上，这是人类始终追寻的目标，也是大多数思想家用以研究和描述人的当下生存状况的一个类型，类似于马克斯·韦伯的理想类型。解决这个问题的关键不在于构造这个理想类型，而在于对人的当下基本状况的把握并使之更好，而不是更坏。第二，基于对人的设计和对状况的批判之上的教育理念及教育制度设计。首先是教育方针，它表现为意识形态上的政府教育方针，学术讨论上的教育理念。其次是制度安排：教育制度（幼儿、小学、中学、大学、成人、研究生教育等）；考试制度；课程设置。第三，课堂教学。这是主体教育理论的形而下即实践层次，是集技术与艺术、理论与实践、日常生活与非日常生活于一体的施教活动。在一个具体的施教情境下，主体已经还原为实践论意义上的活动者，包括教师为主体、学生为客体，教师与学生互为主客体，等等。这样一种情境交融的状态，并没有写明谁为主体，谁为客体，也没有写明他们是一种主客体间的关系，主体际性不是看出来的，而是体会出来的。被体会出来的不是什么主客体、主体性和主体际性，而是于我、于他而言的意义。正是这种意义才使教育成为可能和必要，一切教育理念、制度与教育活动都是为着这些意义服务的，而我们之所以用不同的范畴和理想类型去描述甚至去规制它们，便是出于两种意图：从理论上把握繁复的教育过程；从目标上加以引导。正由于此，也才有了各种类型的教育理论及其范畴，主体教育便是其中的一种。比较而言，主体教育理论作为一种不同于以往教育理论而把握教育活动的方式，在于它将意义问题置于最高的位置，以人为本是它的最高理念；教育方针和教育制度是它的根本保证；尊重和发挥学生的主体性是根本途径。这是一种关注受教育者的生存状态且指向一种健康生活、快乐生活而且是有责任和义务的生活的理论方式，因此由本体（目标）、制度（保障）和活动（途径）构成的主体教育理论是一种植根于现实生活世界的理论自觉，它关注生活世界的方式是独特的：既有对当下生活状况之根的沉思，又包括对当下教育方针、理念和模式的审慎批判，还指明一种通往幸福之路的制度设计和实际操作。而这些工作的一个直接前提就是对当下生活世界及其教育后果的理论把握。

(二) 现代性及其教育后果：从主体教育理论看

理论只有彻底才能服人，而理论要彻底就必须做到两点：其一，在理论上找到了一个用以表述其理论的本体，这个本体意味着它是最接近要表述的那个事实，主体教育理论中的"主体"似乎能够承担起这样的重任；其二，必须把握时代精神，这对以塑造人、引导人为其宗旨的教育学尤其如此，不了解人的当下境遇，没有对这个境遇的基本价值判断，一切讨论、争论都将是无根基的。现代性问题是我们无法规避的事项，它指社会在现代化的进程中及获得的结果中呈现出来的具体性状。如果教育学没有对现代性的总体把握和微观描述，就不能服人，因为它是不彻底的。

主体教育理论必须回归主体的生活世界。如果这一命题不是假问题、傻问题和简单问题而是真问题，那一定意味着生活世界出了基础性的、根本性的、全局性的问题，我们笼统地将其称之为"生活问题"与"问题生活"。这是主体教育理论所必须面对的。生活问题是任何时代的人们所共同面对的，只是问题的程度、强度、范围、类型不同罢了；问题生活是人们在解决生活问题过程中因自身的原因造成的代内和代际之间的沉重代价，倘若这些代价不能尽快地得到重视和解决，人们将会面临生活的危机。教育学的学科使命就是指导人如何成为于己于社会都有用的人。于己要过幸福快乐的生活，于社会要有担当，成为可以推动社会发展的有用人才。因此，教育学会在知识、能力、素养、道德人格等方面为个体提供规范、要旨、训练及帮助。于是，走进人的生活世界便是教育学应然具有的要义。它的研究着眼于对生活世界总体性及根本性的把握，这种把握使其指导下的教育政策的制定、课程的设计、课程与教学内容的安排等都将更加明确，更具有针对性。因为教育学的宗旨是指导、训练与培育，我们首先从教育主体出发解构生活世界。① 当我们问"是谁的生活世界"的时候，在教育学内，论题立刻具体化为教育者的生活世界和受教育者的生活世界。尽管成年人也有接受教育的必要，但在教育内容上，用于体验和培育的成分就大大弱化了，因为成年人的人格类型已基本形成了，用于处理基于自己欲望而发生的各种关系、价值冲突的实践理性的培育工作已基本完成，尽管成年人也有接受继续教育的任务，这是时代赋予的要求，但总的说来，我们所说的狭义的专门教育即学校教育主要是针对未成年人的。现代性为主体教育理论造成了诸多理论上的难题和实践上的困境。

第一，主体悖论与主体教育理论难题。成为主体是个人独立自主的一个重要标志，也是人担负起各种责任的理性前提，只有意志是自由的，责任才是由自己承担的。因此成为主体，意志是自由的，是人的进步与发展的一个重要指标。但人成为主体却又存有成为一意孤行的主体的风险，倘若这个世界上只有一个主体，那么这种风险也就不会存在了。相反，世界从来就没有只有一个人的时候，人作为类的存在物，是由多种主体组成的。成为主体不仅仅取决于你有作为主体而存在的素质，更在于作为主体的他者对你的规定和限制。每个主体的非自足性和未完成性决定了每个人必须依赖社会和他人，依赖与交往是每个人永远都无法逃避的事情。但每个人为何会存有走向极端主体主义的危险呢？这是由于起于心意以内的由己性是每个人的原初状态，来自主体内部的动力要比来自他人的动力更容易激发主体去从事一个具体的活动。而且，主体对来自自身内部的要求常常

---

① 作为教育学之主要研究领域的认知与培育是基于"人的社会化过程基本上是通过学习和体悟完成的"这一前提设定。学习尽管包含着模仿的部分，但基本上是认识知晓的过程，通过认识和运用数字、符号、文字，掌握文字与数字背后的原理，之后再用这些原理去描述、解释人所面对的自然现象、生理现象、社会现象、心理现象和精神现象，其心理基础是表象、想象、记忆，其思维理性占据主要成分，而创制理性和实践理性则处于隐形状态，即便是实验和游戏也主要是通过可操作的、可反复进行的感性过程，其目的主要是强化对基本原理的理解和运用。学习是人终其一生的事情，因为自然和社会都在变化和发展，层出不穷的科学技术都要求人不断学习，以掌握用以指导生活的知识和技术。与认知和学习相对的是体验和培育，而这恰恰是被我们的教育所轻视的两个事项。

缺乏反思的空间，因为它们是直接同一的，相反对来自他人的要求则常常要进行合理性和合法性上的审查。这便是主体容易走向极端主体主义的一个根由。其实，无论在何种社会状态下，主体都保持着活动与自我需要的原始同一性，关键在于社会提供何种样式的制度安排和文化类型。在传统社会里，个人的这种原始同一性被规训与惩戒，个体被驯化成为社会的一个符号，一个缺少个性的"普通人"，但这没有从根本上泯灭这种原始同一性，只是被压抑和隐藏而已。近代以来的工业革命的最大功绩，恐怕不是科技的昌明、市场的发现和道路的开通，而是使个体的自为、为我与活动的原始同一性获得了合法性和合理性论证，并在市场的激发下被充分表现出来，人类中心主义是现代化的一个直接的文化后果。人类中心主义是极端主体主义的代名词：相对于自然，人类是主体，其余的皆为客体；相对于其他组织和消费者，经济组织是主体，其余的皆是为我所用和服务的客体；相对于其他的人，我是主体，社会与他人均构成为我服务的客体。这种极端主体主义的思维方式和行为方式对主体教育理论提出了挑战：为着每个人符合现代化的要求并承担起必要的责任，就必须使个人成为主体；而个人一旦确立起"我的意识"和"我的权利"，就有可能陷入极端利己主义的泥潭。这是一个悖论：强调整体可能使个体失去主体性、没有个性；强调主体又可能走向极端主体主义。这种悖论不是由于主体教育理论的非自洽性和非逻辑性造成的，而是由于实践上的难题造成的，它是客观的价值冲突的理论反映。近年来，主体教育理论受到质疑和责难，不是由于主体教育理论本身的缘故，而是由于事实上的价值冲突或悖论使然，然而批评者却把这种事实上的悖论加于主体教育理论之上，实践逻辑和理论逻辑永远是不同的。主体教育理论如果对事实上的主体悖论现象不做深入分析，招致批评与责难就在所难免。

第二，心态与秩序。心态指人们对外在世界的态度及自我世界的内部体验。无论是指向外在世界的评价，还是指向内部的体验，心态本质上是一种基于一定情感之上的认知模式和行为取向，简言之是集知、情、意于一体的人格结构。其中情感既是认知和行动得以发生的心理基础，又是它们得以发生的结果。情感的直接表现形式就是心情。心情专指人类心灵最深处的本质——心中的情感部分。

工业化以来，人们的心态发生了结构上的转型。商业精神代替了来自家庭、家族、巫术、宗教、神学中的形而上的精神元素，实用的、功利的精神渗透到生活的各个方面。客观地说，与现代化同步进行的是法律精神的彰显和法律制度的逐步完善，社会秩序更趋于效率、公平和自由。然而由于人们的心态问题导致了心灵秩序的紊乱，心态是社会秩序的主体方位，主体会把紊乱的心灵秩序迁移到社会秩序之中，以一种功利的、浮躁的和嫉妒的心情对待他人和事物。当人们把这样一种商业精神和浮躁的心态推移到教育领域中，急功近利的打算和为我所用的对待方式，使教育者和被教育者陷入紧张的关系之中。可以说，与先前的教育相比，现代教育无论是从教育方式、教育内容、教育政策和教育效果方面还是从教育活动的当事者和参与者的心态来说，都有了新内容，也产生了新的问题。

第三，科学主义与工具主义的教育后果。文艺复兴运动结束前，西方文化并未区分为科学主义和人本主义，而是一种以宗教文化为底蕴的混合文化。市场的发现、科技的昌明、欲望的不断激发，将人们置于要把人的潜能全部都爆发出来并试图满足人们的全部欲望（哪怕是膨胀的、虚拟的、过量的、奢侈的需要）的境地。与此相适应，西方哲学发生了从追问"世界是什么"和"怎么样"向"我们如何认识世界""我们的认识是否接近于事实"的追问的转向，有人称之为近代的认识论转向。今天看来，当把人视为主体并把主体确立为近代哲学主题时，人就开始被片面化了：要适应现代化的要求，就必须使每个人成为"我想望什么"和"能做什么"的主体，其终极结果就是完成对事物本质的认识和掌握知识，因为认识和知识是人能够认识世界和改造世界的基础性的素质，科学、技术和工具都是我们必须学习和掌握的对象。而认识和知识是可以复制和传授的，记忆、接受、想象成为了心理学的主要研究对象。在认识自然、改造自然和满足需要的推动下，在宗教氛围中，现代意义上的大学应运而生。极端地说，现代大学就是复制人才的场所，而不是培养人的心性和塑造人的心灵的地方。当人变成了主体并被当作人才加以塑造时，他便开始脱离给他以终极关怀的宗教、给他以情感教育的家庭、给他以值得信赖的亲密关系，走上了"爱拼才会赢""我消费故我在"的生产—消费式发展道路。这是人的一种拔根过程和拔根状态。问题不在于科学主义和工具主义把是否具有理性和拥有知识视为能否成为主体的根据，而在于把这种根据变成了唯一的标准。当科学主义和工具主义变成一种普遍的思维方式的时候，并形成了有相关制度与之相匹配的社会规制时，现代教育观也就建立起来了。

无论对发达国家和发展中国家来说，现代性及其教育后果都是明显的，用心的人们都会感受到它的存在，而人们却觉得无能为力。任何一种社会类型及其规制一旦被建立起来，都会有一个相当长的存续时间和历史惯性，只有此种社会类型及其规制丧失其历史合理性，只具有世俗合理性时，变革其自身的革命就到来了。教育制度也是如此。只有当此种教育制度的弊端已经完全显露，只有当个人、组织和政府都感到现代教育出现了根本性和全局性的问题，并试图改变这种现状时，真正的教育革命才会到来，而这种革命常常是以抛出新观念和修正旧观念的形式为其先导的。

（三）后现代教育观与德育观是否可能与如何可能

关于后现代有两种用法：现代的一个阶段，是现代性之种种弊端的集中表现，是现代性的极端形式：主体主义—消费主义—享乐主义—孤独主体；建设性的后现代：重新获得规定的主体—德性的回归—快乐与幸福。我们是在建设性的后现代意义上讨论后现代教育观的。

第一，后现代教育观的内涵。主体理论及主体教育理论尽管受到不同程度的批评和责难，面对现代化运动所造成的种种教育上的问题而显得苍白，但主体教育理论依然是拯救教育事业的诸多谋划中的相对较好的一种，关键在于塑造何种样式主体的问题。后现代教育观就是塑造全面主体的教育理论。首先，我们对后现代及后现代教育观这类词语不能抱有成见，只要这些词语能够使我们最接近于教育的本质并具有可操作性，我们就可以使用它们，拒斥一切范畴、稳定和模型正是我们应该拒斥的后现代主义，这是极端主体主义的延续形式。其次，关键在于我们是否用主体及主体教育理论呈现了教育的真理，并把这种真理变成具体的实践活动。

主体及主体教育理论合理性批判。只要有人存在，只要人愿意生活下去，教育活动就是不可避免的，因为人是文化的或被文驯化的存在物，教育是完成驯化的最为根本的也是最为直接的方式。不论教育理论怎样变化它的概念和理论类型，教育的本质是不能改变的：教育是使人如何成为人的学问和艺术。那么，我们为何不用"人"来替代"主体"、不用"人的教育"替代"主体教育"呢？我们认为，任何一个极具统摄力的概念通常都代表一种理论类型，而一组概念的提出则意味着提出一套理论。关键在于这套理论是否最接近于真理的，这套理论本身是否具有自洽性？主体及主体教育理论能够满足这两个要求。

用"主体"和"主体教育理论"而不是用"人"和"人的教育理论"来呈现教育理念有这样两点理由：其一，"主体及主体教育理论"更接近于教育的本质。教育所面对的对象是需要教育的人，这些人要么在知识上是贫乏者，知之甚少而欲知之甚多是他们的特点；要么在品德上需要接受教化，以形成善的理念并养成实施善举的习惯。教育的使命就是解决做事和做人的问题。与此相关，其二，"人"这个概念大于"主体"这个范畴。主体通常是指人，但人并不时时处处都表现为主体，当人什么都不做时他依然是人，但却不是主体，当人承当起主体的角色时，他一定是在做事情。当然做事情也不一定是教育学意义上的主体，只有做那些使自己能够成为有用的、有责任的主体的事情，或做那些是自己获得主体素质的事情的时候，他才是主体。于是，教育学上的主体主要定位于个体的心理—理智、社会性—精神性的系列，而不是生理的层面，即便讲到生理现象，也不是这种现象本身，而是如何正确对待这些现象。由此决定，"主体教育"就比"人的教育"更接近于教育的本质,更容易描述如何使人成为人的规律与途径,成为人首先要成为主体,为他人和自己做事的主体,为他人和自己负责的主体,只有成为合格的主体才有可能成为人。主体首先是实践论概念,它是一个具体活动的发动者、承担者,它决定了主体想望做什么和能够做什么;主体又是一个价值论范畴,该与不该是主体必须考虑的事情。因此,如何使受教育者成为合格的主体,要比使人如何成为人更为具体和更容易操作。"主体"及"主体教育"理论的合理性来自于其自身的不可替代性。

主体教育理论的后现代形态。我们之所以明确主张主体教育理论并非要回到极端主体主义的立场上去,而是要提倡一种建设性的主体教育理论,这是一种超越了无主体性和极端主体主义的弊端而回归人的本性的教育理论,亦即后现代教育观。它在内涵上,有如下一些要点。

一是关于理解的问题。能否理解和是否愿意去理解是教育的主要目标,培育受教育者的理解能力和理解愿望是主体教育理论的首要任务。能够理解和愿意理解是每个人习得知识、掌握规则、与人相处的基本能力,也是适应社会需要、应对各种情况的基本素养。教育的首要任务就是培养个体的理解能力,并运用理解能力掌握知识和规则。由于被理解的对象是复杂的,既有事实的真理意义上的客观知识,它追求准确、确定、逻辑、客观,又有价值上的亦即伦理上的规则,它追求正当、公正、合理。一直以来,我们把教育定位于如何掌握知识,培养理解能力也旨在如何使受教育者理解公式、概念、推理。主体间的理解被忽略了,千百年流传下来的德性的培育方式要么被抛弃,要么被替代。人的内心世界愈来愈被封存起来,既不愿意去体会、感受他者的感受,也不愿意被别人理解。照着科学的、客观的理解模式无法理解和体会用于处理具有利益性质的人与人之间的关系,因为它们所处理的对象具有极大的差别。人之能够理解事物是由于人有理性,而针对不同的理解对象,理性也具有不同的类型。亚里士多德把人的理性根据其所处理对象的不同而分成三类:思辨理性,它所处理的是思想资料;创制理性，所处理的对象是技术和艺术；实践理性，所处理的是基于个人意志之上而又牵涉他人利益的关系。在亚里士多德看来，处理科学材料需要智慧，处理人与人的关系更需要智慧，这是一种实践智慧。在传统的农业社会，实践理性的养成是通过风俗、惯例、禁忌、巫术、宗教和礼教等形式完成的，用于科学和技术的理性的培养则显得薄弱。工业革命以来，科技理性的培养被提到首位，这是市场和科技发展所要求的；比较而言，用于实践理性培养的努力则被大大削弱了。后现代教育观所主张的是统一的理性的培养和养成，它理应超越单纯的科技理性和实践理性。

二是关于心情的问题。心情是人格的核心，是推动知、情、意等心灵作用的原动力，而知、情、意又各自发挥追求真善美价值的功能。它们之间的相互关系用图表示就是：

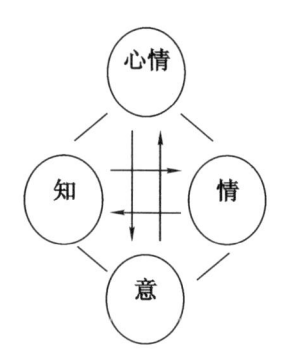

心情是一片广阔的土地，知、情、意这些理性和感性因子都可以根植其上，它驱使着人们不断地寻求快乐、体验幸福。心情不是天然的，在人的心灵中既有形成好心情的根基，又有形成坏心情的土壤，关键是家庭、学校和社会为人们提供了何种样式的环境。客观审视现代教育，我们忽略了或者说从没有重视过心情教育。作为教育者身份出现的父母与教师考虑问题的生发点即怎样将知识、情感等传授或传递给受教育者，极少去关心甚至去研究决定或影响受教育者心情的发生机制和环境，致使心情成了横在受教育者与知识、情感等教育因子中间的障碍。他们不是没能力接受，而是不愿意接受。心浮气躁、怒火中烧、唯我独尊、孤僻郁闷,这是目前未成年人心态的特殊表现形式。

三是关于知识的问题。传授知识是教育的主要事项,这是毋庸置疑的。在经济全球化、风险倍加、压力剧增的场景下,掌握知识并合理地运用知识无疑是极为重要的。现在的问题不是该不该传授知识,而是应该怎样传授知识。两极性思维常常使我们走向了两个极端:科学主义与人本主义。如何有效率地传授知识,如何正确处理科学与人文的关系才是问题的实质,进一步的问题是如何使学校发挥塑造合格主体的基础作用。

学校是集中的同时也是制度化的传授知识和接受知识的场所,这已经是毋庸置疑的常识,但常识并不就是真理。人们关于学校的认识以及学校事实上所完成的职能,本质上都是工业化的产物。现代社会,媒体高度发达,知识载体多种多样,学习方式也异彩纷呈,但学校学习依然是诸种学习方式中最有效率的一种。因此,传授知识和接受知识就自然成了学校的主要任务。社会分工日益专业化,它要求专门化的人才,于是便有专门化的学科设置和培养方式,于此背景下,人们必然依照产品生产的规律去批量生产人才。另一方面,在快速发展的现代社会,一如人们快速生产物质产品那样,也快速地生产了知识。这些成倍增加的知识必须用成倍增加的精力加以消化,没有专门的知识和技能就无法应对这个极具压力的社会。于是,以科学主义或知识主义的立场看待学校和学习也就顺理成章了。然而,事实上传授知识和接受知识已占去了教育者和受教育者的绝大部分精力,用于心情教育和心智力量提升的精力已经所剩无几,对于教学和学习,教师与学生已从根本上失去了兴趣,因为学习同我的快乐与幸福的体验无关,而只与未来的就业和所谓成材有关,然而未来是什么样子,人们无法预知,这是一种靠不住的承诺。于是学生与教师对于学校和学习不是感到快乐和幸福,而是感到不幸。学校的现代使命造就了知识主义的氛围,我们可以把学校设置成一个以传授知识为主要宗旨的场所,但我们却无法在事实上把教育者和被教育者的心情、体验、想象悬置起来,使其在学校这个传授知识的环境下,处在情感、意志和心情的空场状态。在方法论上，这实际上是把一个丰富多彩的主体变成无任何欲望与感受而只知学习知识的主体。学校教育中存在的这样一种背离人性的状态完全是现代化的一个结果，在市场经济的链条上，单个的人或学校无法改变它，这是整个国家和社会的事情，只有从制度设计与策略安排上实行根本的转型，才能使教育回归人性的世界。

仅就知识的传授来说，现代教育也存在问题。知识不是由文字、符号、图表组成的杂乱无章的堆积物，而是一个具有逻辑关系的体系和系统。知识有主观形态和客观形态之分：前者表现为以文字、符号、公式和图表形式出现的知识系统，是作者的心智力量和思想的外化形式，是对特定对象的描述、解释和说明。后者表现为知识的学习者经过理解、记忆以表象的形式对概念、公式、符号的掌握，并以自己的语言表述或书写出来的思想和想法。被理解并能够说出来的东西才是知识。因此，知识的传授本质上不是灌输、移植，而是理解和思考，教给学习者思考问题的路向和方法才是传授知识的真谛，这需要凝练和提升的工夫，倘若施教者已不能理解和消化现代知识，又没有凝练和提升的功夫，路向与方法的生成和传授就根本不可能实现。教学论不但要研究学生的认知规律以及有效接受知识的途径，也要研究施教者在已经变化了的条件下的认知规律和接受新知识的途径与方式。

四是关于责任的问题。在一定程度上，对他人和社会来说，无责任比无知识更可怕。责任的存在在于人的依赖性以及个体对责任的需求这两点。但责任不是与生俱来的，虽然人具有接受责任教育从而具有责任感的心灵基础，但缺少了对责任感的培育，责任是不会有的。责任感的培养不是专门进行的，而是伴随着做事与做人而逐渐确立起来的，它需要一定的故事和情境，需要人物和情节，我们可以设置一些人为的环境，但主要还是通过感化、教化、启发等方式将责任感扎根在他心灵的土壤之中。市场化以来，责任的培育工作变成了专门的事项，没有故事、没有情境，一切都显得脱离生活。责任不只是责任感的培育问题，更主要的是责任实践，然而这些责任要么被替代，要么失去了培育的环境，留存下来的就只有缺少责任感的任性。在理解的层面上，任性表现为对别人的漠不关心，不理解也不愿意理解别人；在行为上，任性表现为自我中心主义；人们经常把自由理解成一意孤行、任意妄为，其实这也是一种任性。

总之，后现代教育观中的主体应该是在健康心态基础上成为实践活动的发动者、承担者和责任者。良好的心情是形成正确看待和对待事物方式的情感基础；有了推己及人的责任感，才会将有利于自己的规则推及他人，依照你期望别人对待你的方式对待别人；于个性、规范等方面完成自己的认知重塑。

第二，后现代教育观的实现方式。现代教育问题似乎集中表现于学校教育中，因此学校应承担即使不是全部也是绝大部分责任。其实这是一种不公平的看法，未成年人的教育问题突出地表现在学校教育中，但问题的成因并不完全在学校，学校不该也无法承担起全部的责任，家庭与社会把对未成年人的教育及其责任推卸给学校，并指责学校不负责任，这是一种极不负责任的做法。未成年人的教育是全社会的事情。

关于心情教育问题。心情是合格主体的一个不可或缺的心理素养。心情又与性格相关。一个人的性格可能与基因结构有关，但决不能夸大基因的决定作用，否则任何一种教育都失去了意义。性格的养成既与基因有关，更与环境有关。心情多半是在家庭中养成的，而它一旦成型就成为了一种难得的心理资源。随着生产效率的提高、经济的繁荣、就业范围的扩大、就业政策的出台，广大女性有了较好的就业机会和工作环境。由于可自由支配的社会时间日益减少，用于看护、呵护孩子的时间也必然减少，孩子无法得到来自血缘关系之上的父母的情感熏染，其心灵和情感常常是空寂的。一个人只有自己是愉悦的、热情的、充满激情的、宽容的，他才会将这些精神资源迁移到外界，施给他人和社会。相反，一个心灵孤寂且冷漠无情的人，而他却能够对他人热情、关心，这几乎是不能的。心情教育通常是在家庭的亲密关系中培养和生发出来的，父母陪护时间的减少，于是便把心情教育的任务转移到了社会组织——幼儿园和学校之中。于是，学校就不得不在知识传授的事项下承担起心情教育的重任。然而学校不可能像家庭那样，其一它是一种非血缘关系的社会关系，其二已经有功利打算渗透其中，一种类似于家庭那样的呵护、倾听、过问、关心、宽容无法建立起来。但这绝不意味着学校就可以把自己建成一个充满功利主义和竞争的场所。营造人文环境、打造世纪精品、提升素质教育、推出一代新人，始终是学校的宗旨。

关于学校教育。主体教育理论的后现代形态在学校教育中的实现是最集中也是最直接的。课堂教学是学校教育的中心环节，课外活动的设计是课堂教学的延续形式、补充形式或实践形式，超越于现代教学模式之上的后现代教学更注重和谐、能力和体验，它们贯穿于学校教育的各个环节之中。主客体理论和主体间性理论只是用来描述教学实践的一种理论框架，其目的在于呈现教育规律和指导教学实践。在后现代教育观中，存在两个层次的主客体关系：作为目标存在的主体——把受教育者培养成会做事和做人且有责任感的主体；与他人和组织的和谐相处；与自己的身心和谐、认知与行为和谐。在目标的规约下，一切制度性的设计与安排如课程设置、教材设计、综合考评、活动安排等，都是为实现目标服务的，学校教育的以人为本就是以学生的有效率地学习、能快乐地生活、能和睦地相处为根本，一切手段都是为着这个目的服务的。在教学实践层面，教师与学生之间是互为主客体关系即主体间关系：在传授知识的过程中，教师是教的主体，学生是学的主体；在探究性和自主性学习中，学生是发动者、承担者和表达者，教师是引导者和启发者，而在教师与学生的主体间性背后，是使学生如何成为完成了的个性者、规范者和主管者，也就是实现知、情、意的和谐发展。教师与学生以及学生之间，首先不是改造和被改造、认知和被认知的、竞争与功利的关系，而是对等关系，是如何把他者作为一个感性与理性、情感与意志的统一体。从主体方面看，它首先是心态关系。从主体间关系看，则是爱的关系。每一个正常的人，都有求知、求新、求和的愿望，人不是天生就厌恶学习，人们逃避的是那种让人感到无聊甚至是痛苦的学习。西方工业化时期的工人之所以像逃避瘟疫那样逃避劳动，不是因为劳动本身，而是由于这种劳动于我无关，甚至是我的异化形式。学习也是这样，学校培养的首先不是人才，而是合格的公民，是有能力、愿望和责任为他人和自己做事的人。急功近利的学习氛围，造就人才的制度设计，枯燥乏味的课堂教学，怎么会使学生对学习感兴趣？提高自身素养、探寻因人而异的教学模式、发掘轻松有效的课堂艺术，是现代教师急待解决的三大问题。教育首先是一门科学，要遵循教育规律；教育是一项事业，要有敬业精神；教育是一门艺术，要有智慧和境界。

当然，改变现代教育状况、解决教育中的根本问题，教育制度、教育政策和教育学要先行。只有符合社会历史要求和人性要求的教育理念，才会有人性的课程体系和教学模式，也才有生命力。

结语

已然、实然与应然是我们讨论德育观历史嬗变的三个维度。已然所描述的是半个多世纪以来我们在道德教育上做了什么，有什么经验值得总结，有什么教训值得吸取；实然所论述的是我们当下正在进行着怎样的道德教育；应然所预设的是立足于现代性事实面向未来，我们的青少年，我们的成年人该拥有怎样的德性结构。在一定意义上可以说，中华人民共和国成立以来，主流形态的德育观经历了政治教育观、财富教育观和人格教育观三个主要阶段。不可否认，政治素质、政治意识和政治信念是德性的重要方面，但绝不是全部。用政治教育观代替德育观是阶级斗争至上论的直接后果，其可怕后果更在于可能使人失去最基本的良知，致使人们不能过一种正常生活。财富教育观也许不是政党或政府德育观的初衷，但却是改革四十多年来人们实际上的道德观。在这种语境下，人们丢掉了政治观和常人道德观，物质主义、功利主义、利己主义、消费主义、犬儒主义等大行其道。没有远大的政治理想，没有高远的社会理想，没有高尚的人格追求，得过且过，任性、自我、唯我。

什么才是支撑中国人未来的德育观？如何建构这种德育观？值得认真对待和深入研究。简约地说，当下的德育观应该是政治观、财富观和人格观三位一体的逻辑体系。政治观要求于人们的是正义观和正义感；财富观要求于人们的是劳动观和平等观；人格观要求于人们的是责任感。不可否认，建构正当的德育观，政党或政府乃是首当其冲的力量，但绝不止于这一种力量，而必须动员全社会的力量。当每个人有了基本的质疑、批判和反思能力的时候，都会自觉地积极参与德育观的建构。如若建构正当德育观，包括政党和政府在内的各种建构主体必须实现四个统一：行动者与行动是统一的；言说者和行动者是统一的；观察者和实践者是统一的；自律与他律是统一的。

在实现德育观的具体道路上，除了高度重视和坚持学校道德教育这种主渠道之外，必须重视现代媒体在道德教育中的重要作用。任何一种工具论的德育观都是为着目的论的德育观服务的。而在如何建构主流形态德育观的具体工作中，必须养成批判、辩护、反思、质疑、建构的科学精神。

回首中华人民共和国成立以来我国的发展路途，应该说今天的中国已经迈入了稳定、有序发展的健康之路，社会处处充满生机，国家建设蓬勃盎然。就在社会的深刻变革中，德育也迎来了深度蜕变的利好时机。可以说德育观的嬗变是伴随着中国社会的变迁而与时俱进的，中华人民共和国成立以来德育观变迁的路径与轨迹就是我国德育改革深层指导理念的具体呈现。

回顾人类社会的发展历程，教育尤其是德育为文明社会的建立与发展提供了巨大的动力与支持。伴随着人类对民主的向往，对自由、和谐、生态的追求，德育将道德旨趣引入个体生活与社会生活，并以其价值观的超强影响力对多领域的生活提供价值引导与道德规范，它提升着个体的德性，也努力创造着和谐共生的可持续发展的社会。"价值观并不像它看起来的那样只是反映现实，它还构造着现实。作为一个生活的意义系统，一切价值观既是本质性的又是建构性的，当它们在实践中经历的时候，它规范和组织着我们的行为和实践，为大多数人建构了一种现实感，帮助我们确立规则、规范和习俗，社会生活正是借此被安排和管理的。"[①] 德育观在确立、发展与变迁之中导引着人们的价值选择方向，帮助人们选择过有道德的生活并体悟道德生活中的满足与幸福。德育学科课程作为道德教育的主渠道，在价值观的影响与指导下也循着主流方向不断发展。通过德育学科课程的改革历史我们看到，在不同的社会发展时期，有些德育观从无到有，有些则从有到无；有些在价值观中被强调的某些方面由多到少，有些则由少到多。也许正是有了这些不断变化的观念，才推动着我国社会的向前发展。然而，面对日

---

① 王葎. 价值观教育的合法性 [M]. 北京：北京师范大学出版社，2009：149.

益严重的生态危机,人类是时候应该思考自身的行为是否已经陷入了生态道德的"失范"之中,于是生态体验作为学校道德教育理论与实践层面均应该建构的一种模式开启了生态德育观研究的新视野并最终以主体教育的有效形式来弥补其可能出现的失范或缺失。回顾历史是为了更好地展望未来。对当代中国德育观嬗变历程的深入审视,有利于建构面向未来的生态德育观,以指导德育改革的实践。

中国梦是属于人民的梦,正因为有了我们每个人的梦想,才凝聚起了实现中华民族伟大复兴的中国梦。立德树人是实现中国梦的根基,只要我们有梦想、有道德,敢于铸梦、勇于追梦,就一定能够凝聚起一股强大的中国力量,去创造属于这个时代也属于我们自己的光荣与奇迹。

参考文献

1. 马克思,恩格斯. 马克思恩格斯全集 [M]. 北京:人民出版社,1995.

2. 马克思. 1844年经济学哲学手稿 [M]. 北京:人民出版社,2000.

3. 马克思,恩格斯. 马克思恩格斯论教育 [M]. 北京:人民教育出版社,1985.

4. 毛泽东. 毛泽东文集(第六卷)[M]. 北京:人民出版社,1999.

5. 毛泽东. 毛泽东文集(第七卷)[M]. 北京:人民出版社,1999.

6. 毛泽东. 毛泽东选集(第二卷)[M]. 北京:人民出版社,1991.

7. 毛泽东. 毛泽东选集(第三卷)[M]. 北京:人民出版社,1991.

8. 邓小平. 邓小平文选(第二卷)[M]. 北京:人民出版社,1994.

9. 邓小平. 邓小平文选(第三卷)[M]. 北京:人民出版社,1993.

10. 亚里士多德. 尼各马可伦理学 [M]. 廖申白,译. 北京:商务印书馆,2003.

11. 康德. 道德形而上学原理 [M]. 苗力田,译. 上海:上海人民出版社,2005.

12. 康德. 论教育学 [M]. 赵鹏,何兆武,译. 上海:上海人民出版社,2005.

13. 麦金太尔. 德性之后 [M]. 龚群,戴扬毅,等译. 北京:中国社会科学出版社,1995.

14. 泰勒. 现代性之隐忧 [M]. 程炼,译. 北京:中央编译出版社,2001.

15. 海德格尔. 存在与时间 [M]. 陈嘉映, 王庆节, 译. 北京: 三联书店, 1987.

16. 罗尔斯. 正义论 [M]. 何怀宏, 何包钢, 廖申白, 译. 北京: 中国社会科学出版社, 1988.

17. 涂尔干. 道德教育 [M]. 陈光金, 沈杰, 朱谐汉, 译. 上海: 上海人民出版社, 2001.

18. 杜威. 道德教育原理 [M]. 王承绪, 等译. 杭州: 浙江教育出版社, 2003.

19. 亚当·斯密. 道德情操论 [M]. 蒋自强, 等译. 北京: 商务印书馆, 1997.

20. 约翰·威尔逊. 道德教育新论 [M]. 蒋一之, 译. 杭州: 浙江教育出版社, 2003.

21. 麦金太尔. 追寻美德 [M]. 宋继杰, 译. 南京: 译林出版社, 2003.

22. 鲍曼. 后现代伦理学 [M]. 张成岗, 译. 南京: 江苏人民出版社, 2003.

23. 鲍曼. 生活在碎片之中——论后现代道德 [M]. 郁建兴, 周俊, 周莹, 译. 上海: 学林出版社, 2002.

24. 柯尔伯格. 道德教育的哲学 [M]. 魏贤超, 等译. 杭州: 浙江教育出版社, 2000.

25. 马克斯·韦伯. 学术与政治 [M]. 冯克利, 译. 北京: 三联书店, 2003.

26. 弗朗西斯·福山. 历史的终结及最后之人 [M]. 黄胜强, 许铭原, 译. 北京: 中国社会科学出版社, 2003.

27. 塞缪尔·亨廷顿. 文明的冲突与世界秩序的重建 [M]. 周琪, 等译. 北京: 新华出版社, 2002.

28. 卢梭. 社会契约论 [M]. 何兆武, 译. 北京: 商务印书馆, 1980.

29. 马丁·布伯. 人与人［M］. 张见，韦海英，译. 北京：作家出版社，1992.

30. 托马斯·利科纳. 培养品格——让孩子呈现最好的一面［M］. 施李华，译. 北京：中国社会科学出版社，2005.

31. 康德. 康德教育论［M］. 瞿菊农，译. 北京：商务印书馆，1930.

32. 弗里德利希·冯·哈耶克. 自由秩序原理（上）［M］. 邓正来，译. 北京：三联书店，1997.

33. 小原国芳. 小原国芳教育论著选（上卷）［M］. 由其民，刘剑乔，吴光威，译. 北京：人民教育出版社，1993.

34. 联合国教科文组织国际教育发展委员会. 学会生存——教育世界的今天和明天［M］. 上海：上海译文出版社，1979.

35. 世界自然保护同盟，联合国环境规划署，世界野生生物基金会. 保护地球——可持续生存战略［M］. 国家环境保护局外事办公室，译. 北京：中国环境科学出版社，1992.

36. 陶行知. 中国教育改造［M］. 北京：东方出版社，1996.

37. 陈旭麓. 近代中国社会的新陈代谢［M］. 上海：上海人民出版社，1992.

38. 石中英. 教育哲学导论［M］. 北京：北京师范大学出版社，2002.

39. 李德顺. 价值论——一种主体性的研究［M］. 北京：中国人民大学出版社，1987.

40. 李德顺. 价值论原理［M］. 西安：陕西人民出版社，2002.

41. 李泽厚. 中国近代思想史论［M］. 北京：人民出版社，1979.

42. 孙培青. 中国教育史［M］. 上海：华东师范大学出版社，2000.

43. 万俊人. 伦理学新论［M］. 北京：中国青年出版社，1994.

44. 葛兆光. 中国思想史［M］. 北京：商务印书馆，2007.

45. 陆有铨. 躁动的百年——20世纪的教育历程［M］. 济南：山东教育出

版社，1997.

46. 王葎. 价值观教育的合法性［M］. 北京：北京师范大学出版社，2009.

47. 郑永廷. 社会主义意识形态研究［M］. 广州：中山大学出版社，1999.

48. 檀传宝. 德育原理［M］. 北京：北京师范大学出版社，2005.

49. 檀传宝. 信仰教育与道德教育［M］. 北京：教育科学出版社，1999.

50. 檀传宝. 学校道德教育原理［M］. 北京：教育科学出版社，2003.

51. 鲁洁. 德育社会学［M］. 福州：福建教育出版社，1998.

52. 鲁洁. 德育现代化实践研究［M］. 南京：江苏教育出版社，2005.

53. 鲁洁. 道德教育的当代论域［M］. 北京：人民出版社，2010.

54. 鲁洁，王逢贤. 德育新论［M］. 南京：江苏教育出版社，2005.

55. 班华. 现代德育论［M］. 合肥：安徽人民出版社，2005.

56. 徐向东. 自我、他人与道德（上册）［M］. 北京：商务印书馆，2007.

57. 朱小蔓. 教育的问题与挑战——思想的回应［M］. 南京：南京师范大学出版社，2000.

58. 鲁洁，朱小蔓. 道德教育论丛（第1卷）［M］. 南京：南京师范大学出版社，2000.

59. 鲁洁，朱小蔓. 道德教育论丛（第2卷）［M］. 南京：南京师范大学出版社，2002.

60. 黄向阳. 德育原理［M］. 上海：华东师范大学出版社，2000.

61. 戚万学，唐汉卫. 现代道德教育专题研究［M］. 北京：教育科学出版社，2005.

62. 戚万学. 活动道德教育论［M］. 天津：南开大学出版社，1994.

63. 戚万学. 冲突与整合——20世纪西方道德教育理论［M］. 济南：山东教育出版社，1995.

64. 冯增俊. 当代西方学校道德教育［M］. 广州：广东教育出版社，1993.

65. 吴铎，罗国震. 道德教育展望［M］. 上海：华东师范大学出版社，2002.

66. 肖川. 教育的理想与信念［M］. 长沙：岳麓书社，2003.

67. 金生鈜. 规训与教化［M］. 北京：教育科学出版社，2004.

68. 黄书光. 价值观念变迁中的中国德育改革［M］. 南京：江苏教育出版社，2008.

69. 高德胜. 生活德育论［M］. 北京：人民出版社，2005.

70. 张岂之，陈国庆. 近代伦理思想的变迁［M］. 北京：中华书局，1993.

71. 高力克. 五四的思想世界［M］. 上海：学林出版社，2003.

72. 詹世友. 道德教化与经济技术时代［M］. 南昌：江西人民出版社，2002.

73. 刘永富. 价值哲学的新视野［M］. 北京：中国社会科学出版社，2002.

74. 李辽宁. 当代中国思想政治教育意识形态功能研究［M］. 武汉：武汉大学出版社，2006.

75. 戴茂堂，江畅. 传统价值观念与当代中国［M］. 武汉：湖北人民出版社，2001.

76. 储培君. 德育论［M］. 福州：福建教育出版社，1997.

77. 司马云杰. 价值实现论——关于人的文化主体性及其价值实现的研究［M］. 西安：陕西人民出版社，2003.

78. 蔡伟明. 转型中国：亟待解决的问题［M］. 北京：改革出版社，1998.

79. 王海明，孙英. 寻求新道德［M］. 北京：华夏出版社，1994.

80. 杨超. 现代德育人本论［M］. 广州：广东人民出版社，2005.

81. 高国希. 道德哲学［M］. 上海：复旦大学出版社，2005.

82. 肖雪慧，韩东屏. 主体的沉沦与觉醒［M］. 贵阳：贵州人民出版社，1998.

83. 钟启泉，黄志成. 西方德育原理［M］. 西安：陕西人民教育出版社，1998.

84. 刘铁芳. 生命与教化［M］. 长沙：湖南大学出版社，2004.

85. 湛卫清. 人权与教育［M］. 北京：北京师范大学出版社，2009.

86. 夏正江. 教育理论哲学基础的反思——关于"人"的问题［M］. 上海：上海教育出版社，2001.

87. 王学风. 多元文化社会的学校德育研究——以新加坡为个案［M］. 广州：广东人民出版社，2005.

88. 韩庆祥，张洪春. 论以人为本——从物到人［M］. 南京：江苏人民出版社，2006.

89. 杨国荣. 现代化过程的人文向度［M］. 上海：上海古籍出版社，2006.

90. 王东莉. 德育人文关怀［M］. 北京：中国社会科学出版社，2005.

91. 茅于轼. 中国人的道德前景［M］. 广州：暨南大学出版社，2005.

92. 李家成. 关怀生命：当代中国学校教育价值取向探［M］. 北京：教育科学出版社，2006.

93. 高兆明. 道德生活论［M］. 南京：河海大学出版社，1993.

94. 高兆明. 制度公正论：变革时期道德失范研究［M］. 上海：上海文艺出版社，2001.

95. 吴奇程，袁元. 社会转型与道德教育［M］. 广州：广东人民出版社，2000.

96. 陈嘉映. 教化：道德观念研究［M］. 上海：华东师范大学出版社，2009.

97. 万俊人. 寻求普世伦理［M］. 北京：商务印书馆，2001.

98. 程立显. 伦理学与社会公正［M］. 北京：北京大学出版社，2002.

99. 刘惊铎. 道德体验论［M］. 北京：人民教育出版社，2003.

100. 孙少平. 新中国德育五十年［M］. 福州：福建教育出版社，2002.

101. 顾明远. 教育大辞典［M］. 上海：上海教育出版社，1998.

102. 中国大百科全书编写组. 中国大百科全书·教育［M］. 北京：中国大

百科全书出版社，1985.

103. 金铁宽. 中华人民共和国教育大事记（1949—1982）[M]. 北京：教育科学出版社，1983.

104. 舒新城. 中国近代教育史资料（中）[M]. 北京：人民教育出版社，1981.

105. 中共中央文献研究室. 建国以来重要文献选编（第 11 册）[M]. 北京：中央文献出版社，1995.

106. 张继玺. 共和国教育 60 年（第 3 卷）[M]. 广州：广东教育出版社，2009.

107. 课程教材研究所. 20 世纪中国中小学课程标准·教学大纲汇编（思想政治卷）[M]. 北京：人民教育出版社，2001.

108. 课程教材研究所. 教材制度沿革篇（上册）[M] 北京：人民教育出版社，2004.

109. 郑航. 中国近代德育课程史 [M]. 北京：人民教育出版社，2004.

110. 佘双好. 现代德育课程论 [M]. 北京：中国社会科学出版社，2010.

111. 高谦民. 中国小学思想品德教学史 [M]. 济南：山东教育出版社，1995.

112. 李伯黍，岑国桢. 道德发展与德育模式 [M]. 北京：人民教育出版社，1999.

113. 中共中央文献研究室. 毛泽东建国以来文稿（第 6 册）[M]. 北京：中央文献出版社，1992.

114. 中华人民共和国教育部办公厅. 教育文献法令汇编（1949—1952）[M]. 北京：人民教育出版社，1958.

115. 张志建. 中学思想政治课发展史 [M]. 北京：北京师范大学出版社，1994.

116. 吴铎，彭承福. 中学思想政治课教学法 [M]. 北京：高等教育出版社，1991.

117. 刘强. 思想政治学科教学论［M］. 北京：高等教育出版社，1994.

118. 张建文，童贤成. 思想政治课程与教学论［M］. 北京：人民出版社，2013.

119. 邝丽湛，王卫平，谢绍熺，何亮. 思想政治（品德）新课程教学论［M］. 广州：广东高等教育出版社，2005.

120. 韩震. 思想品德与思想政治课教学论［M］. 北京：高等教育出版社，2008.

121. 胡田庚. 新理念思想政治（品德）教学论［M］. 北京：北京大学出版社，2009.

122. 孟庆男. 思想政治（品德）课程与教学论［M］. 北京：北京师范大学出版社，2011.

123. 陈守聪，王珍喜. 中国传统文化的价值与现代德育构建［M］. 北京：光明日报出版社，2012.

124. 蓝维. 中学德育课程与教师专业发展［M］. 北京：首都师范大学出版社，2013.

125. 林跃文. 人本生态的校园德育［M］. 广州：暨南大学出版社，2013.

126. 冯铁山. 诗意德育论［M］. 北京：中国社会科学出版社，2012.

127. 李伟言. 重塑我们的道德生活：当代德育价值取向转型的理论研究［M］. 北京：北京师范大学出版社，2012.

128. 夏美丝. 亲近自然：德育走向亲和［M］. 杭州：浙江大学出版社，2012.

129. 季海菊. 高校生态德育论［M］. 南京：东南大学出版社，2011.

130. 彭未明. 交往德育论［M］. 太原：山西教育出版社，2010.

131. 于光. 德育主体论［M］. 北京：中国社会科学出版社，2010.

132. 刘慧. 生命德育论［M］. 北京：人民教育出版社，2005.

133. 高德胜. 生活德育论［M］. 北京：人民出版社，2005.

134. 胡锦涛. 高举中国特色社会主义伟大旗帜 为夺取全面建设小康社会新胜利而奋斗——在中国共产党第十七次全国代表大会上的报告［M］. 北京：人民出版社，2007.

135. 晏辉. 论价值观［J］. 内蒙古大学学报（人文社会科学版），1993（3）.

136. 吴向东. 论价值观的形成与选择［J］. 哲学研究，2008（5）.

137. 江畅. 论价值观念［J］. 人文杂志，1998（1）.

138. 孔润年. 试论以人为本的道德价值观［J］. 伦理学研究，2006（4）.

139. 廖小平. 改革开放以来我国价值观变迁的基本特征和主要原因［J］. 科学社会主义，2006（1）.

140. 郝文武. 当代中国教育哲学的变革［J］. 陕西师范大学学报（哲学社会科学版），2009（6）.

141. 江应中. 对道德教育价值的若干思考［J］. 教育探索，1997（4）.

142. 鲁洁. 人对人的理解：道德教育的基础——道德教育当代转型的思考［J］. 教育研究，2000（7）.

143. 鲁洁. 实然与应然两重性：教育学的一种人性假设［J］. 华东师范大学学报（教育科学版），1998（4）.

144. 刘惊铎. 生态教育是一种新德育观［J］. 新华文摘，1999（1）.

145. 冯铁山，刘惊铎. 生态体验：道德教育诗意境界的圆融与诉求［J］. 教育科学研究，2009（3）.

146. 徐贵权. 论改革开放以来中国社会价值观的变迁［J］. 南京师范大学学报（社会科学版），2007（1）.

147. 陈秉公. 以人为本的德育本体论解读——兼论"民本"思想影响的德育到"人本"教育的历史性发展［J］. 教育研究，2005（12）.

148. 孟建伟. 教育与幸福——关于幸福教育的哲学思考［J］. 教育研究，

2010（2）.

149. 周晓静. 课程德育：走向整合的学校道德教育［J］. 教育学术月刊，2009（2）.

150. 孟庆男，潘皓琳. 中学思想政治课发展史探究［J］. 课程·教材·教法，2013（11）.

151. 石鸥，石玉. 论教科书的基本特征［J］. 教育研究，2012（4）.

152. 石鸥，吴驰. 中国革命根据地教科书的政治宣传效应［J］. 教育学报，2011（3）.

153. 刘冰. "以人为本"：中国特色社会主义价值取向研究［D］. 吉林大学博士学位论文，2007.

154. 李伟言. 当代中国德育价值取向转型的理论研究［D］. 东北师范大学大学博士学位论文，2005.

155. 张红. 新中国基础教育课程政策的价值取向研究［D］. 东北师范大学博士学位论文，2008.

156. 李建国. 教化与超越：中国道德教育价值取向的历史嬗变［D］. 华中科技大学博士学位论文，2010.

157. 刘黔敏. 德育学科课程：从理念到运行［D］. 南京师范大学博士学位论文，2005.

158. 易春秋. 红色青春：建国十七年中学思想政治教育研究［D］. 中共中央党校博士学位论文，2005.

159. 李祖祥. 控制与教化——小学思品教科书研究［D］. 湖南师范大学博士学位论文，2007.

附录

新中国成立后的德育学科课程教科书

新中国成立初期的教科书

高级中学适用临时政治课本《中国革命读本》（上册），王惠德、于光远著，华东新华书店 1949 年 9 月出版，上海联合出版社印行。

中等学校政治课适用《中国革命读本》（修订本）（上册），王惠德、于光远著，新华书店出版发行，1949 年 8 月出版，1949 年 12 月修订第 3 版，1950 年 7 月第 8 版。

中学课本《社会发展简史》，人民教育出版社出版，湖南人民出版社重印。1961年第1版，1963年7月第3次印刷。

高级小学《政治课本》（第一册），武纡生编撰，上海临时课本编审委员会改编，人民教育出版社出版。1950年7月新华书店原版，1950年12月第1次改编，1951年1月上海出版。

初中一、二年级学生《社会主义教育课教材》，湖南省教育厅编，湖南人民出版社出版，湖南省新华书店发行，1958年3月第1版。

初级中学一、二年级《政治常识》（代用教材），人民教育出版社出版，湖南人民出版社重印，新华书店发行，1959年第1版。

1951年6月以前，中学的德育课程是配合政治运动而进行的，当时在各年级均开设了政治课，而且教育部颁布《中学暂行教学计划（草案）》确定了德育课程位于其他学科课程之首的地位。随后，为了更加系统地对学生进行爱国主义教育，取消了后来教学计划中的《政治》科，将每个阶段所开设的德育课程冠以具体的名称：初中三年级开设《中国革命常识》，高中二、三年级开设《社会科学基础知识》及《共同纲领》。1951年11月，教育部颁布《关于中学政治课略有变更的通知》中明确指出初中三年级的教材《中国革命常识课本初稿》原拟从9月份起陆续在《人民教育》及《中国青年》发表。现因故未能如期刊载。在该课本未能继续发表时，各学校可暂时采用《学习初级版》发表的《政治常识读本》做教材。1954年7月，教育部对中学德育课程做了调整，因为没有合适的教科书，所以决定初中二年级暂时不开设《中国革命常识》，而高三年级则将《共同纲领》改为《政治常识》。

到了1957年，反右运动和"大跃进"对学校的德育课程造成严重的影响。在这一阶段，学校的德育课程注重对毛泽东著作的选读，在中小学开设《社会主义教育》课，并有相应的教材。此时的德育课程凸显的特征就是围绕着"政治运动"转和围绕着"政治形势"转，教科书也成为阶级斗争的附庸与工具。1959年教育部颁布了政治课的第一部教学大纲。根据大纲的规定与要求，先后编写了《社会发展史》《毛泽东著作选读》等教科书。

可见，这一阶段的教科书大多都是"暂用"的、"临时上岗"的，带有明显的过渡性质，而且政治意味颇浓，道德教育泛政治化的雏形逐渐清晰。

"文化大革命"期间的教科书

黑龙江省中学试用课本《政治》（下册），黑龙江省中小学教材编写组编，黑龙江新华书店发行，1970年4月第1版。

河北省小学试用课本《毛泽东思想教育》（五年级用），河北省中小学教材编写组编，河北人民出版社1970年8月第1版。

山西省初中试用课本《毛泽东思想教育课》（一年级用），山西省中小学教材编写组编，山西省新华书店发行，1971年1月第1版。

《大海航行靠舵手》（毛泽东思想教育课辅助读物），内蒙古自治区革命委员会政治部学校组教材编写组编，内蒙古新华书店发行，1970年1月第1版。

山东省中学试用课本《用毛泽东思想武装起来的战士所向无敌》，山东省中小学教材编选组编，山东省新华书店发行，1969年10月第1版。

贵州省中学试用课本《毛泽东思想教育》（初中第二册），贵州省中小学教材编写组编。贵州人民出版社1970年12月第1版。

河南省小学课本《毛泽东思想课》（一年级上册），河南省中小学教材编选会议小学组编，1969年7月第1版。

长沙市小学试用课本《政治》，长沙市教育局小学政治教材编写小组编，1974年1月出版。

北京市小学试用课本《政治》（五年级用），北京市教育局中小学教材编写组编，北京人民出版社出版，河南省新华书店发行，1972年1月第1版。

山西省高中试用课本《政治》（一年级用），山西省中小学教材编写组编，山西人民出版社出版，山西省新华书店发行，1972年11月第1版。

辽宁省中学试用课本《辩证唯物主义常识》（下册），辽宁省中小学教材编写组编，辽宁人民出版社出版，辽宁省新华书店发行，1973年8月第1版。

四川省中学试用课本《政治》（第一册），四川省教育局中小学教材编写组编。四川人民出版社出版。四川省新华书店发行，1972年7月第1版。

"文化大革命"初期，全国各地都在停课"闹革命"，德育课程停开。当时，在全国范围内掀起了对毛泽东盲目崇拜的热潮，在这股热潮的影响下，中小学的德育课程索性成了毛泽东思想课。不论高小或初小都要学习毛主席著作，初小各年级学习毛主席语录，高小可以学习"老三篇"，以及其他适合小学生思想政治水平的一些文章。"文化大革命"后期，各地开始纠正前一阶段对待教育的极端做法，教育领域的各方面工作开始复苏。随着中小学教学秩序的逐渐稳定，各省开始编写新的"试用课本"。小学德育教科书的变化之一就是出现了崭新的政治课《毛泽东思想教育课》，甚至连幼儿园都编有《毛泽东思想教育课》课本（分小班和大班）。小学的《毛泽东思想教育课》主要以毛主席著作和毛主席语录为基本教材。

"文化大革命"期间的教科书,"红色"是其主题色彩,从封面的字体到图案都是红色。因此,红色的主题、阶级斗争的主旨、愤怒的主调成为当时教科书的突出特点。"文化大革命"时期教育对政治的绝对服从,尤其是德育学科课程被政治运动所取代,使教育偏离了其本质航道,出现了政治侵占教育的景象。

改革开放以来的教科书

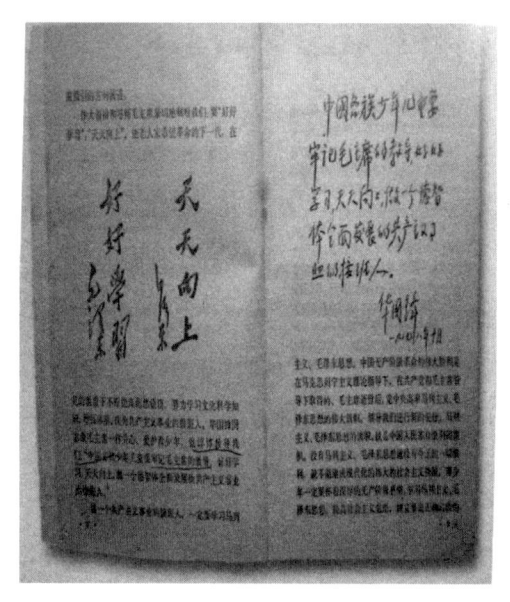

全日制十年制学校小学课本《政治》(试用本,第二册),中小学通用教材政治编写组编,人民教育出版社1978年12月第1版,湖南人民出版社重印。

全日制十年制学校初中课本《社会发展简史》（试用本，上册），姚森主编，肖敬若审订，人民教育出版社1982年1月第2版。

全日制十年制学校初中课本《青少年修养》（试用本，上册），吴铎等编，周鹏程审订，人民教育出版社1981年1月第1版，1982年1月第2版，湖南人民出版社重印。

全日制十年制学校初中课本《法律常识》（试用本），宋治安等编，人民教育出版社1982年3月第2版。

湖南省小学试用课本《思想品德》，湖南省教育科学研究所编，湖南教育出版社出版，1985年第2版，六年二期。

湖南省小学补充教材试用本《思想品德》（第六册），湖南省教育科学研究所编，湖南教育出版社1989年9月第1版，1991年10月第2版第3次印刷。

义务教育五、六年制小学课本《思想品德》（试用本，第七册），河南人民出版社1994年出版。

全日制普通高级中学教科书试用本《思想政治》（必修），小学思想品德和中学思想政治教材编写委员会编著，人民教育出版社1997年12月第1版。

附录 185

全日制普通高级中学教科书《思想政治》（必修）二年级上册，人民教育出版社 2003 年第 2 版。

全日制普通高级中学教科书《思想政治》（必修）一年级下册，人民教育出版社 2003 年第 2 版。

　　随着"文化大革命"的结束，德育课程体系重新建立。1985 年 8 月中共中央发出了《关于改革学校思想品德和政治理论课程教学的通知》。为了贯彻《通知》的精神，原国家教委于 1986 年制定了《中学思想政治课改革试验大纲（初稿）》，规定从初中一年级到高中三年级分别开设《公民》《社会发展简史》《中国社会主义建设常识》《科学人生观》《经济常识》《政治常识》等课程。1992 年《全日制中学思想政治课教学大纲（试用稿）》颁布，同时完成了新教科书的编写，并决定从 1992 年起各年级不再分列课名，统称为《思想政治》。教科书亦如此，其内容也有所调整和变化。1996 年，《中共中央　国务院关于深化教育改革全面推进素质教育的决定》颁布，指出："调整和改革课程体系、结构、内容，建立新的基础教育课程体系。"从 2001 年 9 月开始，初中的新课程在全国 38 个国家级实验区进行实验。就德育课程来说，初中的课程设置有所变动，实行了与小学阶段衔接的九年一贯的课程体系。小学的课程是《品德与生活》

和《品德与社会》，初中仍为《思想政治》。为了更好地突出这门课程的德育性，初中的课程名称于2003年改为《思想品德》，而教科书在内容的编排上也呈现出弱化知识性的特点。高中的课程名称仍然为《思想政治》，但却建构了四个必修模块和六个选修模块。在必修模块中增加了《文化生活》，并编写了相应的教科书。高中德育课程教科书此时凸显了以学生的生活为基础，以学科知识为支撑的显著特点。

随着社会政治、经济的发展，德育教科书摘掉了"政治挂帅"的帽子，其意旨从关注知识性最终确定为关注学生的生活、关注学生的主体性。不同时期的德育教科书呈现出的不同特点，即是不同德育观统摄下的产物。从德育教科书的演变历程可以见出，新中国成立后，我国主流德育观从集体主义、泛政治化到回归主体的嬗变。